CIRCUIT TOUS RISQUES

Derniers romans parus dans la collection Nous Deux :

UN ETRANGER SUR LA ROUTE
par Glenna FINLEY

APRES LA MOISSON
par Lillie HOLLAND

ALERTE AU CAP D'ARGENT
par Elisabeth OGILVIE

LA PRISONNIERE DE MALTE
par Georgina FERRAND

PIEGE DANS LA FORET VIENNOISE
par D. H. THOMSON

BLONDE CASSANDRA
par Marie MACKIE

LE CHANT DES REBELLES
par Barbara MICHAELS

UNE HOSPITALITE DANGEREUSE
par Margaret BLAKE

CROISIERE EN EAUX TROUBLES
par Susan SALLIS

CRUELLE DESUNION
par Jasmine CRESSWELL

DES PAS SUR LE SABLE
par Harriet SMITH

LE FANTOME DU PUITS SACRE
par Phyllis G. LEONARD

MARIAGE EN BOHEME
par Harriet ESMOND

ENTRE CHIEN ET LOUP
par Charlotte MASSEY

A paraître prochainement :

LES LUMIERES DU KIOSQUE
par Elsie LEE

Kay STEPHENS

CIRCUIT TOUS RISQUES

(Journey no more)

Roman traduit de l'anglais
par Simonne HUINH

PUBLICATIONS EDITIONS MONDIALES
2, rue des Italiens — PARIS-9e

ISBN N° 2-7074-1414-X

CHAPITRE PREMIER

Clignant des yeux face au soleil, Joanne repéra enfin dans le ciel une tache argentée : c'était l'avion qu'elles attendaient.

— Le voilà ! s'écria Stella qui se mit à rire. Avoue que tu meurs d'envie de faire demi-tour et de t'enfuir ?

— Comment l'as-tu deviné ? rétorqua Joanne en grimaçant.

— Tu vas faire la connaissance de Hans, il devrait arriver lui aussi. Vous aurez le temps de vous découvrir pendant que tes touristes accompliront les formalités de douane.

Stella adressa un sourire à son amie tout en réglant son pas sur le sien.

— Allons, n'aie pas l'air aussi effrayée ! Rappelle-toi qu'ils ignorent que tu es notre nouveau guide ; à moins que tu ne te dénonces toi-même, ils ne risquent pas de deviner que tu accomplis avec eux ton premier voyage si tu te comportes comme tu l'as fait avec moi ces quinze derniers jours.

En franchissant les portes vitrées de l'aéroport, Joanne eut l'impression qu'on les observait. Elle se retourna ; au même moment, l'homme solitaire vêtu d'un costume de toile blanche pivota sur ses talons.

Lui effleurant le bras, Stella désigna à Joanne plusieurs cars aux couleurs vert et or désormais familières, garés parmi d'autres. Après une hésitation, elle indiqua le troisième véhicule de la file.

— Tiens, voici Hans...

En se rapprochant, Joanne aperçut un homme de haute taille, de dos, près de la portière du chauffeur.

— Salut, Hans, il y a longtemps qu'on ne s'est pas vus ! s'écria Stella.

Marmonnant quelques mots d'allemand qui échappèrent à Joanne, le jeune homme se redressa et se retourna.

— Ah ! Bonjour, Stella ! lança-t-il d'une voix grave. Un touriste a renversé toute la monnaie que nous préparons pour les péages et autres droits de passage, et naturellement il ne nous aide même pas à la ramasser !

Stella émit des protestations de sympathie, que Hans manifestement négligea. Non sans dédain, c'était Joanne qu'il dévisageait.

— Qui est-ce ? s'enquit-il.

Joanne en rougit d'indignation. Pour être nouvelle, elle n'en était pas pour autant sourde-muette !

— Votre guide, Joanne Kirkham. Voici Hans Lindt, Joanne... ce sera ton chauffeur durant toute cette randonnée, ajouta-t-elle avec une seconde d'hésitation.

Le jeune homme eut l'air ennuyé. Maussade, il s'obstina à scruter Joanne.

— J'espère qu'elle a été bien formée ! maugréa-t-il.

— J'ai fait de mon mieux pour cela ! riposta Stella. Je suis persuadée qu'elle...

— ... qu'elle s'avérera incapable, et que c'est moi qui accomplirai tout le travail !

Toujours renfrogné, Hans se détourna.

— Je ne me doutais pas que j'allais avoir à m'encombrer d'une débutante ! ronchonna-t-il.

Stella leva la tête vers l'avion qui tournait au-dessus de la piste avant d'atterrir.

— Dépêche-toi, Joanne, Hans s'occupera de ta valise...

— Ça commence bien ! railla le jeune homme. Il faudra pourtant qu'elle s'habitue à transporter des bagages, elle aussi !

— Allez-y, vous adorez démontrer votre force ! rétorqua Stella sans se troubler.

Comme les deux jeunes filles retournaient vers l'aéroport, Stella sourit.

— Je te souhaite bonne chance, Joanne !

— J'en aurai besoin, il me semble. Hans est-il toujours aussi grossier ?

— Non, c'est une attitude qu'il se donne. Tu apprendras à le connaître, répliqua Stella gaiement. En fait, c'est un gars bien.

— Qui l'eût cru ! persifla Joanne.

— Tu découvriras qu'il est mieux que tu ne le crois. Bon, mon ange, je te laisse, il me reste dix minutes pour faire un brin de toilette avant de m'envoler pour Anvers.

Une fois seule, Joanne resta plantée dans un coin du hall d'arrivée encore désert. D'un geste nerveux, elle tapota sa chevelure brune et courte, puis ses joues, espérant que ses traits ne dénonceraient pas ses récentes insomnies.

Que lui avait-il donc pris d'abandonner une excellente situation d'interprète — un travail qui lui plaisait — pour cet emploi trépidant et saisonnier de guide de voyage ?

Elle se surprit à faire tourner autour de son doigt la bague de fiançailles qu'elle avait bien failli restituer après ce week-end désastreux où James l'avait abandonnée en compagnie de ses parents pour aller entraîner son équipe de rameurs. L'aviron, en effet, était sa passion. Elle soupira. C'était l'indifférence qu'il lui manifestait qui l'avait déterminée à quitter l'Angleterre — où elle ne comptait pas retourner tant que cette séparation n'aurait pas établi la preuve qu'ils étaient, James et elle, faits l'un pour l'autre.

— Mademoiselle Kirkham ? s'enquit une hôtesse souriante, interrompant les pensées de la jeune fille. Vos touristes attendent leurs bagages, ils seront ici dans quelques minutes.

Joanne lui rendit son sourire, et agrafa son insigne.

Un couple âgé, les Hughes se précipitèrent vers elle. Pendant qu'elle vérifiait leur nom sur sa liste, un groupe se forma pour bavarder avec volubilité. Joanne dut les prier de s'écarter pour laisser la place à d'autres arrivants. Une famille se fit attendre, mais bientôt, Joanne réussit à rassembler tout son monde qu'elle dirigea vers le car.

Ces premiers obstacles surmontés, Joanne se permit un soupir de soulagement en faisant coulisser la portière du car.

— Les aviez-vous égarés ? persifla Hans, louchant sur sa montre.

Ignorant sa raillerie, Joanne lui communiqua brièvement le nombre de colis à charger, puis entreprit de placer les touristes.

Le car quitta l'aéroport en direction de Bâle ; Joanne s'empara alors du micro pour souhaiter la bienvenue aux passagers et effectuer les présentations. A l'annonce de son nom, Hans leva une main en un salut désinvolte mais gentil qui rendit Joanne perplexe.

Une fois hors de la ville, dont elle avait commenté certains lieux dignes d'intérêt, Joanne alluma une cigarette.

— Et moi, je n'y ai pas droit ? questionna une voix sur sa gauche.

Elle lorgna Hans du coin de l'œil.

— Habituellement, les guides se chargent d'allumer mes cigarettes. Sécurité oblige !

Joanne se rendit à l'argument et sortit de son paquet une autre cigarette qu'elle alluma avant de la tendre à Hans à un moment où la route était droite et dégagée.

— Merci... Hé, il a bon goût, ce rouge à lèvres ! ironisa le jeune homme.

D'un regard, elle le toisa ; ce grand gaillard au teint hâlé pouvait par instant se révéler humain !

Elle examina la route devant elle, tout en réfléchissant aux minutes qui venaient de s'écouler ; elle était à peu près convaincue de n'avoir rien oublié. Enfin, pour le moment. La difficulté était de tout se rappeler tout en demeurant attentive aux exigences des clients.

Elle se sentait novice en la matière, et cette impression lui était désagréable. Pendant cinq ans — elle avait terminé ses études à dix-huit ans —, elle s'était familiarisée avec un travail. Et voilà qu'aujourd'hui, elle se retrouvait telle une collégienne entamant une année dans une nouvelle école !

— Normalement, vous devriez leur fournir quelques détails sur la montagne à votre droite, souffla Hans en allemand.

— Merci, répliqua-t-elle, saisissant le micro et se demandant si Hans était intervenu par complaisance ou par ironie.

Dans Lucerne, la circulation automobile de ce début de soirée les retarda. Joanne comprit qu'ils seraient en retard à l'hôtel et que cela déplairait aux touristes fatigués autant qu'au personnel hôtelier.

Hans seul resta impassible. Remarquant qu'elle consultait à nouveau sa montre, il conseilla :

— Cessez de vous agiter, vous ne nous ferez pas avancer plus vite pour ça ! Parlez-leur de la ville, accaparez leur esprit. Vous n'avez pas évoqué les vins recommandés pour arroser le repas, ni expliqué le change, la valeur des diverses monnaies...

— Tenez, puisque vous savez tout ! grinça-t-elle en lui tendant le micro.

— Ah ! ce n'est pas mon rôle, je ne cherchais qu'à vous aider !

— Excusez-moi, balbutia-t-elle, sentant qu'il était sincère.

L'arrivée à l'hôtel et l'attribution des chambres se déroulèrent sans histoire, mais Joanne dut subir les récriminations de Hans parce qu'elle était trop longue à répartir les bagages.

Elle n'eut que le temps de faire une rapide toilette avant de redescendre pour dîner — et elle s'arrangea pour être la première du groupe dans la salle à manger lambrissée. En voyant Hans traverser la pièce pour gagner une table d'angle, elle réalisa qu'elle allait devoir durant deux semaines partager ses repas avec ce garçon imprévisible.

Quand elle le rejoignit, il la gratifia d'un signe de tête et continua de savourer son potage. Joanne décida de faire la conversation, ne serait-ce que pour sauver les apparences. Si un antagonisme régnait entre le chauffeur et le guide, les vacances ne seraient agréables pour personne.

— Ainsi, vous êtes allemand ?

— Non, suisse, rectifia-t-il brièvement soulignant la gaffe.

— Oh ! je vous demande pardon ! marmonna-t-elle, soulagée parce que l'intervention du serveur mit fin à d'autres commentaires.

— J'habite près de Berne, je viens d'avoir trente ans, et le ski est ma passion. Y a-t-il autre chose qui vous intéresse ? demanda-t-il, une lueur de gaieté brillant dans ses prunelles bleu azur.

— Oh ! vous m'avez volé mon principal sujet de conversation ! reprocha-t-elle non sans malice.

— Certainement le seul qui soit digne d'intérêt ! affirma-t-il, en la dévisageant.

Autrement dit... il la jugeait ennuyeuse ! A moins qu'il n'eût voulu simplement se moquer d'elle !

A ce moment, une jeune femme s'approcha, l'air embarrassé.

— Euh... Joanne... dit-elle. C'est à propos de ce potage. Mon mari ne mange pas de champignons...

La jeune fille se leva et se retourna, cherchant le maître d'hôtel. Consciente du regard de Hans qui l'observait, elle se redressa. Elle allait lui prouver qu'elle était capable de régler tous les problèmes, même si ceux-ci se présentaient avant qu'elle ne fût prête à y faire face.

*
* *

Le lendemain matin, le petit déjeuner — le premier présenté sous sa forme dite continentale pour la plupart des membres du groupe — ne se passa pas sans quelques petits incidents. Mais Joanne, qui avait bien dormi, se sentait maintenant en mesure d'affronter n'importe quoi.

Après une nuit de repos, tous les clients étaient eux aussi reposés et joyeux pour parcourir la route sinueuse en direction de l'Italie. Hans avait remis un paquet de cigarettes à Joanne et jusqu'à présent, elle n'avait pas manqué de lui donner une cigarette quand il en réclamait.

En approchant de la frontière italienne, il lui recommanda :

— Priez-les de tenir leurs passeports prêts, je me charge de tout. J'ai l'habitude des formalités, et les fonctionnaires des divers services me connaissent.

Il n'avait pas exagéré et, après une halte de vingt minutes, le car se remettait en route.

— Merci, murmura Joanne.

— Oh ! si vous m'obéissez, vous ne risquez pas de faire de bêtises ! gloussa-t-il.

Elle se souciait peu de se soumettre à ses ordres pendant deux semaines, mais faute d'expérience, elle ne put protester. L'assistance de quelqu'un au courant des ficelles du métier lui serait trop précieuse pour la dédaigner.

Ils quittèrent l'autoroute pour une halte dont Joanne profita pour trier l'argent italien de ses clients. Un peu plus tard, l'heure du départ ayant sonné, Hans tapotait nerveusement sur son volant. Désignant sa montre, il fit un signe de tête vers l'arrière. Deux sièges étaient inoccupés. Joanne parcourut du regard les autres touristes... Ce devait être ce Tom, le grand jeune homme brun aux yeux rieurs et son compagnon de voyage, Henry O'Brien...

— Allez les récupérer, commanda Hans en allemand, comme s'il s'adressait à une gamine.

Joanne retourna au café, inspecta également le supermarché sans repérer quiconque de connaissance. Elle loucha vers la porte des toilettes pour hommes... elle ne pouvait tout de même pas aller visiter les lieux ? En la voyant revenir, Hans fronça les sourcils.

— J'ai l'impression qu'ils sont aux toilettes...

— Eh bien, ne vous en êtes-vous pas assurée ?

— C'est gênant... euh... ne pourriez-vous aller y faire un tour ?

Elle avait accompli un effort surhumain pour formuler sa question, furieuse du regard méprisant dont il la gratifia comme du soupir bruyant qui s'ensuivit.

Quand il reparut, riant et bavardant aimablement avec les deux absents, elle fut exaspérée.

— C'est votre tâche de les regrouper, ma chère, souffla-t-il, redevenant maussade dès que chacun eut repris sa place. Renoncez à jouer les innocentes et foncez partout où ce sera nécessaire !

Ils passèrent la nuit dans une petite ville morne du nord de l'Italie qui n'offrait pas grande distraction. Notant que la tête blonde de Hans dépassait celles des clients du bar, Joanne décida de faire une promenade.

Le temps était agréable, et quand elle rencontra d'abord les MacDonald — cette famille qui s'était fait attendre à l'aéroport — puis les Johnson, qui avaient eu des problèmes avec le potage aux champignons, elle fut réconfortée par la chaleur avec laquelle ils la saluèrent.

— Cela vous ferait-il plaisir de boire un verre avant de vous coucher, Joanne ? proposa Tom quand elle retourna à l'hôtel.

— J'accepte avec plaisir votre invitation, cependant je ne m'attarderai pas.

Elle l'accompagna au bar. Hans, comme Henry

d'ailleurs, y était encore. Fait surprenant, Hans lui offrit un tabouret, mais elle venait de terminer son verre.

— Merci, mais il faut que j'aille me coucher maintenant, déclara-t-elle en souriant.

— Quoi, si tôt ? objecta Hans légèrement moqueur bien que nulle lueur ironique ne brillât dans ses yeux clairs.

En gagnant sa chambre, Joanne se rendit compte que le jeune homme la décontenançait. Et elle fut persuadée que son comportement ne visait qu'à atteindre ce but !

*
* *

Le lendemain, connaissant désormais le nom de chacun des membres du groupe, Joanne commença à se détendre. Elle reprenait confiance : jusqu'à présent, il n'y avait eu aucune catastrophe et enfin, Hans semblait opter pour la cordialité.

Son soulagement ne fut que de courte durée. Au déjeuner, Hans considéra sa compagne de voyage d'un regard sombre tout en répondant à son salut par un bredouillement. Et durant la pause-café, il parut si préoccupé que Joanne ne put s'empêcher de lui demander ce qui n'allait pas.

Il plissa le front, vrilla son regard à celui de la jeune fille et soupira :

— Rien qui troublera ma façon de conduire, rassurez-vous ! répliqua-t-il, laconique.

Ce qui ne mit pas fin aux inquiétudes de Joanne. A diverses reprises, elle l'observa à la dérobée, regrettant qu'il l'évitât aussi manifestement. Elle savait ce qu'étaient les soucis, et s'il lui avait confié les siens, peut-être aurait-elle pu l'aider à les apaiser.

Mais elle songea qu'elle avait elle-même assez

d'ennuis. Elle n'avait pas encore eu de nouvelles de James qui lui avait vraisemblablement écrit à Rome. Seulement, que pouvait-elle attendre d'une simple lettre ? Il avait facilement admis ce qu'elle avait démontré, à savoir qu'elle devait s'éloigner pour réfléchir. Pourtant, si elle avait espéré qu'il mettrait en avant leurs fiançailles, elle avait été déçue. Et tout en paraissant content d'avoir son adresse à Rome, il l'avait prévenue qu'il n'écrirait pas souvent, le calendrier des manifestations sportives pour l'aviron étant très chargé.

Joanne était cependant perplexe, car si James, à l'aéroport, l'avait étreinte pour un long baiser, elle ne s'était pas sentie rassurée. Que leur arrivait-il ? Depuis qu'elle avait fait la connaissance de James, des années auparavant, il avait toujours suffi qu'il la tînt ainsi étroitement serrée contre lui pour qu'elle baignât dans la béatitude.

— Hé, vous n'avez pas davantage l'air serein ! plaisanta Hans, ramenant Joanne à l'heure présente. Ne protestez pas, je suis bien obligé de m'intéresser à vos états d'âme !

— Oh ! mes soucis ne m'empêchent pas plus que vous de remplir ma tâche ! rétorqua-t-elle avec un sourire contraint.

— Et avec compétence, précisa-t-il.

— Tiens, voilà, de votre part, un compliment assez inattendu ! railla-t-elle.

— Vous m'avez charmé, je vous assure ! Au début, j'ai été un peu injuste envers vous, je l'admets, confia-t-il après une hésitation, sans quitter la route des yeux. Autant que vous le sachiez, avec la jeune femme qui vous précédait, nous n'envisagions pas les choses sous le même angle, ce qui créait certains heurts. Elle souffrait de léthargie chronique. En fait, pendant toute la saison, j'ai eu mon lot de parfaites idiotes. Et pour couronner le tout, le bureau avait oublié de me parler de vous !

— Vous auriez peut-être préféré choisir vous-même votre guide ?

Apparemment, la question le surprit. Mais il prit une profonde inspiration avant de répliquer :

— Non. N'importe quel guide me convient du moment qu'elle fait preuve d'intelligence !

Elle en conclut qu'elle était dans ce cas, et sourit pour remercier Hans.

*
* *

A Rome, Joanne dut attendre d'avoir réparti les bagages, attribué les chambres, récupéré les passeports avant de décacheter l'enveloppe écrite de la main de James. Elle n'y trouva qu'une petite feuille de papier.

Chère Joanne, comment se passe ce voyage ? Pour moi, tout va bien. Je vis des jours fantastiques. Te souviens-tu d'Helen ? Nous l'avions rencontrée aux régates de York l'an dernier. Je l'ai retrouvée par hasard à Henley, et actuellement, nous nous voyons beaucoup. Elle a actuellement un appartement dans la capitale...

Les yeux de la jeune fille s'embuèrent. Elle était déjà remplacée. Quelqu'un d'autre accompagnait James dans leurs repaires d'élection. Se rappelant l'élégance d'Helen au bal des régates, elle manqua de s'en étrangler. Pour James, Helen ne pouvait pas être une simple aventure.

Devant l'ascenseur, Joanne se heurta à Hans qui portait les quelques bagages restants. Il s'excusa de l'avoir bousculée, parut sur le point d'ajouter autre chose et y renonça. La jeune fille monta dans sa chambre pour relire la lettre de James.

Ce soir-là, ils devaient montrer à leur groupe les splendeurs de Rome illuminée. Joanne s'efforça de se concentrer sur les commentaires qu'on attendait d'elle. Elle n'eut donc pas le loisir de penser à James jusqu'au moment où, laissant ses touristes en contemplation devant la fontaine de Trevi, elle se dirigea vers le bar fréquenté par ses collègues.

En l'apercevant, Hans se détacha de la bande avec laquelle il se trouvait et l'entraîna vers une table à l'écart. Après avoir commandé à boire, il s'enquit avec un sourire chaleureux pour une fois :

— Alors, pas de mauvaises nouvelles de chez vous, j'espère ? Je n'ai pu m'empêcher de remarquer votre expression quand vous avez parcouru votre lettre...

Elle soupira, mourant d'envie de se confier, et regrettant que Hans ne fût pas homme à recevoir ce genre de confidences.

— Eh bien... les nouvelles ne sont pas excellentes, en effet, admit-elle simplement.

En retournant tard à leur hôtel, ils constatèrent que la rue était encombrée de voitures en stationnement. Hans débarqua ses passagers assez loin du trottoir.

— Qu'allez-vous faire du car ? interrogea la jeune fille.

— Je vais marauder jusqu'à ce que je trouve une place ! pesta-t-il.

— Et si je vous accompagnais, pour vous aider éventuellement à vous caser dans un espace réduit ?

— Ce serait gentil, mais autant vous prévenir, nous risquons d'avoir un bon parcours à faire à pied pour revenir à l'hôtel.

— Peu importe.

Elle fut contente du sourire qui se dessina sur les lèvres de Hans.

Sur le chemin du retour, celui-ci lui prit le bras.

— Tout à l'heure, je ne vous ai pas espionnée, affirma-t-il. Seulement, vous avez déjà une lourde tâche à remplir, puisque c'est votre premier voyage de guide. Ne vous tracassez donc pas pour autre chose.

— Je vous remercie, fit-elle avec une froideur dont elle eut honte.

— Voyons, reprit-il, en consultant sa montre, à cette heure, le bar sera fermé. Pour parer à pareille circonstance, j'emporte toujours une ou deux bouteilles. Puis-je vous offrir un verre dans ma chambre ? Ne vous affolez pas, je ne vous invite qu'à vous désaltérer ! précisa-t-il en riant, remarquant qu'elle s'apprêtait à refuser son offre.

Notant qu'il observait ses mains, elle s'aperçut que, machinalement, elle jouait avec sa bague de fiançailles. Instinctivement, elle cacha ses doigts en serrant la bandoulière de son sac.

— Pourquoi pas, après tout ? Volontiers, Hans.

Dans sa chambre, Hans lui désigna l'unique fauteuil et sortit des bouteilles de sa penderie.

— Un scotch ?

Hans remplit deux verres, s'affala sur son lit, alluma une cigarette et tendit son paquet à la jeune fille.

— Merci, je fume déjà trop, refusa-t-elle.

— Nerveuse ?

— En un sens, oui.

— Est-ce votre travail qui vous préoccupe ? Ou avez-vous des ennuis avec votre fiancé ?

Apparemment, il préférait entre toutes la méthode directe.

— Disons... probablement les deux à la fois, avoua Joanne, surprise d'avoir à nouveau envie de se confier à cet homme qui lui inspirait pourtant une certaine méfiance.

Brusquement, ses scrupules s'évanouirent, et elle lui raconta tout, concluant :

— Voilà pourquoi je suis ici... pour pouvoir décider s'il est ou non l'homme que je cherche.

Impénétrable, Hans la scrutait. Mais maintenant qu'elle était lancée, elle ne put rien lui cacher — ni son désappointement quand James l'avait abandonnée à la seule compagnie de ses parents ni le peu de cas que l'on faisait d'elle parmi les relations du jeune homme. Et au lieu d'ironiser sur tant d'enfantillages, Hans se contenta de rire en déclarant avec amertume :

— On dirait que nous sommes tous les deux dans le pétrin.

— Que vous arrive-til ?

— Oh ! rien de bien intéressant ! répliqua-t-il avant de dévier la conversation. L'autre jour, j'ai décidé de vous inviter à boire un verre parce que... je me suis rendu compte que nous ne pouvions pas continuer à nous chamailler ainsi. Etant le plus ancien dans le métier, c'était à moi de faire un effort. A tous points de vue, vous étiez sous pression, presque à bout de nerfs. Je m'efforcerai de vous ménager, mais ne soyons plus l'un et l'autre sur la défensive, voulez-vous ?

Elle acquiesça d'un signe de tête, ne sachant trop que répondre.

— Donc, c'est convenu, nous nous concentrerons sur la manière de garantir des vacances agréables à nos clients ? insista-t-il.

— C'est entendu, fit-elle, prête à sortir. En nous jurant de nous rappeler l'un et l'autre gentiment à l'ordre, s'il nous arrive d'oublier nos conventions.

— Parfait. Quoi, vous me quittez déjà ? s'étonna-t-il, la voyant s'approcher de la porte.

— Je suis fatiguée.

Il s'avança vers elle, posa une main sur son bras. Elle eut tout à coup l'impression d'être parcourue par un courant électrique.

— C'est une chance que vous n'ayez pas pris la mouche ! murmura-t-il.

— Vous êtes très dévoué à la compagnie, n'est-ce pas ? Vous tenez par-dessus tout au bien-être de ses clients, c'est ça ?

Il ne sourit pas, mais une lueur d'amusement brilla dans ses yeux.

— Oui, répondit-il avec sérieux en lui ouvrant la porte.

*
* *

Le lendemain, Joanne disposait de sa matinée, car c'était un guide local qui conduisait le groupe à la basilique Saint-Pierre. Elle se contraignit à répondre à la lettre de James et, finalement, la corvée s'avéra moins pénible que prévu. Joanne en avait long à raconter sur les expériences qu'elle avait faites depuis son départ d'Angleterre.

En relisant sa missive, elle découvrit qu'elle avait consacré une pleine page à Hans qui apparaissait curieusement sous sa plume comme un personnage bien sympathique.

En inscrivant l'adresse, elle se sourit à elle-même. L'idée d'une certaine rivalité ne ferait pas de mal à James.

Malheureusement, en filant sur Sorrente, où le

groupe devait séjourner une semaine, Hans avait à nouveau sombré dans la morosité.

Joanne en fut agacée, en se rappelant tout ce qu'il lui avait déclaré la veille. Ce jour-là, il se contenta de l'interpeller en claquant des doigts pour réclamer des cigarettes.

Décidant de l'ignorer, elle attrapa le micro. Elle s'était mise à aimer son travail, contente de la sympathie que lui témoignaient ses touristes, les encourageant à rire et à bavarder pendant les longues randonnées qui devenaient ainsi moins fastidieuses.

Tout en évoquant la route qui les conduisait jusqu'à Sorrente, elle aperçut à plusieurs reprises, Hans qui l'observait à la dérobée. Et il l'épiait encore tandis que, au cours d'un arrêt pour se restaurer, elle répondait aux innombrables questions dont la mitraillaient ses insatiables touristes.

Soudain, elle ne put réfréner son irritation. Descendue du car, elle le saisit par la manche de sa chemise.

— Quelque chose ne va pas, Hans ?

— Non... je regardais de quelle manière vous vous débrouilliez.

Pas un instant, Joanne n'imagina qu'il pouvait approuver ses méthodes. Elle se mit en colère.

— Après tout ce que vous m'avez affirmé hier ! reprocha-t-elle. Vos bonnes intentions et le reste ! Ne pouvez-vous me laisser en paix un moment ? Faites donc votre travail et laissez-moi organiser le mien, voulez-vous ? Lorsque je serai en panne, j'appellerai au secours !

Et pour faire bonne mesure, elle enchaîna :

— Et il faudra que la situation soit vraiment désespérée pour que je quémande votre aide !

Hans ne cillait pas, immobile devant elle.

— Pour qui vous prenez-vous donc ? persifla-t-elle pour conclure, comme les touristes s'approchaient d'eux.

Elle croisa le regard impénétrable de Hans dont les lèvres esquissèrent un sourire mystérieux.

Cependant, l'humeur s'améliora quand ils repartirent. Dans un effort pour être aimable, Hans émit quelques remarques à propos du voyage et du groupe, sans toutefois quitter la route des yeux. Quand ils arrivèrent à l'hôtel de Sorrente, Joanne se félicita intérieurement d'avoir su manipuler son compagnon puisque, semblait-il, celui-ci avait estimé ses reproches justifiés.

Une fois les clients installés dans leurs chambres, et les bagages transportés dans l'ascenseur de l'hôtel, Joanne alla inspecter le car. Elle regarda dans les filets, sous les sièges, puis rassembla ses affaires personnelles. Comme elle s'emparait du dossier de la Compagnie, un feuillet imprimé s'en échappa. N'était-ce pas le formulaire qu'elle aurait dû laisser à Rome afin qu'il fût transmis ensuite au siège de Berne ? Ce rapport concernait en effet un nouvel établissement qui faisait depuis peu partie des relais du circuit, et il aurait bien dû rester à Rome. C'était une lacune impardonnable ! Un envoi par la poste était trop hasardeux. Peut-être trouverait-elle un autre car retournant à Berne... Mais comment le trouver sans faire appel à Hans ? Et cette dernière solution n'était pas envisageable !

Appuyée contre son siège pour réfléchir, elle tressaillit quand la portière du chauffeur s'ouvrit.

— Encore ici ? s'étonna Hans. Je ne vous voyais pas. Il est temps de vous préparer pour le dîner. Vous aurez à peine le loisir de prendre une douche rapide...

Il récupéra les objets pour lesquels il était revenu, et se planta devant la portière, attendant Joanne. Mais il ne lui prêta pas la main pour la décharger de son fardeau. Louchant sur la bague de James, il siffla entre ses dents :

— Voilà un bijou de prix !... Ah ! j'ai encore dit ce qu'il ne fallait pas ! marmonna-t-il comme elle haussait les épaules.

— Je vous ai expliqué les raisons de ma présence ici, non ? Si au lieu de la bague, il m'avait accordé plus de temps et d'intérêt, d'attentions aussi, je serais sûrement plus heureuse ! murmura-t-elle avec amertume. Il est comme beaucoup de gens fortunés : il ne peut pas comprendre que l'on s'ennuie en menant une vie confortable et superficielle, et il ne lui viendrait même pas à l'idée de respecter ceux qui travaillent, ceux qui sont obligés de gagner leur vie comme...

— Les chauffeurs de car, par exemple ?

L'œil bleu du jeune homme brillait, amusé, malicieux. Joanne lorgna la chemise fripée, la cravate en forme de ficelle qu'il avait nouée à son cou. Et elle acquiesça d'un signe.

Il se mit à rire, et la prenant d'un geste amical par les épaules, il l'aida à descendre du car.

— Nous avons du moins un dénominateur commun : le besoin de gagner notre subsistance !

Parvenu à l'escalier, il se tourna vers Joanne.

— J'ai été odieux, ce matin. J'étais mal luné, mais cela ne vous concernait en rien. Ensuite, c'est vous qui étiez dans votre tort, néanmoins. Je ne vous observais pas pour vous critiquer, mais... parce que vous m'intéressez.

Un peu gênée, Joanne gagna sa chambre, croyant encore sentir sur son épaule la chaleur du bras de Hans. De toute façon, elle devait le reconnaître, cet homme la troublait.

Tout en se changeant, elle tenta de trouver le moyen

de réclamer habilement l'aide de Hans pour expédier le rapport oublié. Mais en vain.

Tandis qu'ils s'attardaient à table, en finissant leur vin et fumant une cigarette — Hans avait présenté à sa compagne un magnifique étui à cigarettes —, Joanne se torturait encore pour présenter sa requête comme il convenait. En désespoir de cause, elle sortit de son sac le document qu'elle posa sur la table.

— Allez-y, gargarisez-vous de « je vous l'avais dit ». J'ai été si maligne que je suis contrainte de m'abaisser à vous demander conseil.

— Ce rapport aurait dû rester à Rome pour être remis au guide qui retournait à Berne, c'est cela ? demanda Hans brièvement, après un coup d'œil sur le rapport. Que comptez-vous faire ?

— J'espérais que vous me suggéreriez une solution.

— Vraiment ? Je croyais avoir compris que je ne devais pas me mêler de vos affaires.

Une lueur brillait dans ses prunelles claires, mais s'il avait envie de sourire, il se maîtrisa.

— J'ai franchement admis que j'étais dans une impasse.

— Et si vous vous trouviez avec un chauffeur qui vous refusait son assistance ?...

— Je... j'imaginerais un autre moyen de m'en sortir.

Joanne s'était exprimée sur un ton peu assuré et elle reprit le rapport.

— Parfait, persifla Hans.

Se mordant la lèvre, elle le considéra avec appréhension. Mais il lui sourit et se leva.

— Venez, le bar est à peu près désert. Allons boire un verre et réfléchir à votre problème.

Tandis qu'elle l'attendait, elle remarqua un homme

en costume blanc qui discutait avec animation avec le barman. Elle le reconnut : c'était l'inconnu qu'elle avait aperçu le premier jour à l'aéroport.

Comme Hans revenait avec les verres, elle chassa l'étranger de son esprit. Ce n'était pas la première fois qu'elle constatait à quel point le monde était petit, que l'on tombait toujours sur les mêmes gens. Seulement, cet homme-là l'épiait manifestement !

Hans posa les verres, prit place en face de la jeune fille.

— Alors, comment puis-je, moi, un banal chauffeur de car, vous aider ? ironisa-t-il, la défiant du regard.

— Et bien... ne connaissez-vous personne à Sorrente qui retourne à Berne, ou même à Rome, avec un groupe ? s'enquit-elle, manipulant distraitement le rapport.

Il s'empara aussitôt du papier.

— Je veillerai à ce que ceci parvienne à destination, promit-il. Personnellement.

— Vous ? De quelle manière ? puisque vous êtes ici, à Sorrente.

— Seulement, j'ai à faire à Berne, riposta-t-il, amusé. Dès que nous disposerons d'une journée libre, je m'envolerai pour Berne.

— Vous !

Il éclata d'un grand rire qui exaspéra Joanne au point qu'elle faillit lui arracher le rapport. Mais s'il disait vrai, il ne fallait surtout pas risquer de le provoquer.

— Cela vous paraît donc si invraisemblable qu'un modeste conducteur de car soit obligé de parcourir l'Europe en avion pour ses affaires ?

— C'est à dire que...

— Je ne corresponds pas à l'image que vous vous faites d'un homme d'affaires, avouez-le ?

— Peut-être... bégaya-t-elle, en cherchant la façon de couper court à ce dialogue qui l'embarrassait.

A son tour, elle le dévisagea. Comme il était penché sur le rapport, elle ne put voir l'expression de ses traits. Il but une gorgée de sa boisson.

— Vous ne devriez peut-être pas porter de jugements aussi hâtifs, Joanne, que ce soit à propos des humains ou des formulaires. N'oubliez jamais de lire ce qui est en petits caractères. Vous n'avez pas signé ce document...

Regardant l'index qui désignait le bas de la feuille, elle nota que ses mains étaient belles et soignées. Elle griffonna sa signature à l'endroit voulu, et la main du jeune homme vint recouvrir la sienne.

— Dites-moi, Joanne, savez-vous garder un secret ?

Il semblait, ce soir, jouer à un jeu bizarre. Là encore, elle réalisa qu'il ne la laisserait pas éluder la question.

— Je sais être discrète quand c'est nécessaire, pourquoi ?

Libérant sa main, il retourna le formulaire. Sous les lignes en petits caractères, recommandant au guide d'adresser le rapport à la maison mère à Berne, pour la première fois, Joanne lut le nom de son patron. Elle écarquilla les yeux, cilla, relut. *Hans Lindt* !

Un rire à gorge déployée retentit dans le bar, saluant sa déconvenue. Le rire du patron de Joanne.

CHAPITRE II

Décontenancée, Joanne se tenait là, face à Hans qui ne la quittait pas des yeux.

Comment aurait-elle pu deviner qu'il n'était pas simplement un vieux routier ?

Il souriait, et Joanne sentait monter en elle la colère. Il lui avait vraiment joué une mauvaise farce qu'il avait merveilleusement réussie. Mais, grands dieux, pourquoi prenait-il lui-même le volant de ses cars pour parcourir l'Europe ?

— En réalité, ce n'était pas de l'hypocrisie de ma part, expliqua-t-il en constatant sa mine déconfite. Si vous aviez dès le départ connu mon identité, vous auriez été encore plus désemparée. Il faut d'ailleurs que je conserve l'incognito. Naturellement, Stella est dans la confidence. Elle est la plus ancienne de nos guides, et travaille avec nous depuis des années.

— Pourquoi me mettre au courant, aujourd'hui ?

— Une impulsion, rien de plus.

— Parce que vous vouliez vous amuser à mes dépens.

— Non. Il fallait que je vous secoue. Je me suis senti froissé quand vous avez émis votre opinion sur ceux d'entre nous qui... qui jouissent d'une sécurité financière.

— Excusez-moi.

Après un silence, il poursuivit calmement :

— Je tenais à vous révéler la vérité parce que... vous êtes différente des autres. De plus, j'en ai par-dessus la tête d'attendre d'être de retour dans mon bureau pour retrouver ma véritable personnalité.

— Vous l'avez voulu ainsi, non ? Pour quelle raison, au fait ?

— Cela vaut-il la peine qu'on en discute ? Je vous ai entraînée hors de l'hôtel afin que nous puissions oublier le travail...

— J'aimerais cependant savoir.

— Eh bien, voilà... L'un de mes chauffeurs m'a rendu fou de rage en m'accusant de rester tranquillement assis derrière mon bureau pour donner des ordres, sans rien connaître des conditions de voyage.

— Moyennant quoi...

— Je l'ai renvoyé, et j'ai voulu me prouver qu'il avait tort.

— Conclusion ?

— J'ai ce métier en horreur. Mais je me suis donné jusqu'à la fin de la saison pour démontrer... que je suis capable de tenir le coup. Quand je commence quelque chose, je ne renonce jamais avant d'en avoir terminé.

Bien que contrariée, Joanne le jugea plus sympathique qu'auparavant et en souriant, persifla :

— Quel est pour vous la pire épreuve ? Avoir à faire à des guides dans mon genre ?...

— Ne vous sous-estimez pas. Je dois simplement admettre que je préfère mener une existence bourgeoise.

Devant cette sincérité, Joanne se figea. Il ne lui était encore pas venu à l'idée qu'il pouvait avoir une épouse quelque part. Là-dessus, elle se figura une jeune femme d'une élégance raffinée, une mondaine parfaite évoluant dans un appartement fabuleux des environs de Berne. Elle observa Hans à la dérobée. Certes, il était séduisant, et elle imaginait aisément une jeune femme se languissant quand il s'absentait trop longtemps.

Hans, également, ne la quittait pas des yeux, il paraissait... intrigué. Joanne, pour dissimuler son trouble, feignit de s'intéresser au décor brillamment éclairé qui les entourait, et émit des commentaires sur la foule agglutinée sur la place. Mais Hans se contenta de répliquer par des monosyllabes. Une demi-heure après, Joanne s'excusa et, pour fuir la gêne grandissante qui les séparait, regagna l'hôtel.

Cependant, les révélations de Hans l'avaient tant ébranlée qu'elle ne parvint pas à s'endormir. Au reste, elle ne croyait pas totalement aux motifs qui l'avaient poussé à prendre cette place de conducteur de car. Car enfin, personne ne ferait une chose pareille ! Elle tenta — en vain — de se représenter James reporter dans le journal de son père. Elle savait que, peu soucieux de relever ce genre de défi, il ne quittait son magnifique bureau que pour un déjeuner d'affaires ou un rendez-vous prestigieux.

Evidemment, il fallait l'admettre, Hans avait quelque chose de particulier qui le rendait... vraiment sympathique.

*
* *

Le lendemain, elle résolut de le considérer comme un conducteur, et rien de plus. D'ailleurs, elle put constater, en le voyant bavarder, lors d'une halte, avec d'autres chauffeurs qu'il avait l'art et la manière de se mettre au niveau de chacun avec autant de gentillesse que de naturel.

Sentant son regard posé sur elle, elle feignit l'indifférence. Mais en se dirigeant vers le car, il lui entoura les épaules de son bras, souriant parce que ses collègues avaient sifflé d'admiration.

— Vos prudes oreilles d'Anglaise ne sont pas habituées à des réflexions aussi terre à terre ! Excusez-moi, j'oublie toujours que vous avez reçu une éducation raffinée.

— Oh ! rien de si spécial en vérité ! rétorqua-t-elle. Pour de simples petits libraires de quartier, mes parents sont néanmoins très évolués ! Ils m'ont envoyée au collège puis à l'université où certains jeunes gens de bonne famille m'ont jugée digne d'eux.

Elle sourit avec bonne humeur.

— Et vous le méritez, répliqua-t-il. Je ne plaisante pas, vous ne serez jamais inférieure à quiconque et vous le laissez nettement entendre, c'est très bien.

Elle accueillit l'apparition des Johnson avec soulagement. Il aurait fallu qu'elle fût de pierre pour ne pas réagir à l'étreinte de ce bras qui l'enserrait.

Dans la journée, le merveilleux paysage qu'ils traversèrent inspira l'admiration de Joanne. Elle s'enthousiasma avec les autres voyageurs devant les maisons pittoresques blotties autour des criques tout au long de la corniche rocheuse. Ensuite, elle prit plaisir à choisir, avec les quatre institutrices du groupe, l'angle idéal pour une photo de Positano.

Elle s'aperçut dans le même temps qu'elle avait relégué Hans là où était sa place — dans le tréfonds de son esprit.

Pourtant, durant la halte pour explorer la grotte d'Emeraude, Hans se mêla à l'ambiance insouciante en se dressant soudain près de Joanne dans la grotte obscure. Si cela enchanta leurs touristes, Joanne en fut troublée. En public, elle ne pouvait repousser le jeune homme sans paraître discourtoise — mais comment pourrait-elle accomplir sa tâche s'il s'obstinait à demeurer si près d'elle ?

A Amalfi, après un déjeuner pris en commun, les touristes furent libres de se promener à leur gré.

— J'espère que vous savez nager ? demanda Hans à Joanne tandis que les autres se dispersaient.

Elle acquiesça. Elle avait précisément projeté d'aller se baigner, et elle avait enfilé un maillot de bain sous sa robe.

L'eau se révéla d'une fraîcheur apaisante.

— Hé, dans votre collège, vous deviez être championne de natation ! s'écria Hans, ébloui par ses nombreuses prouesses.

— Par rapport à beaucoup d'autres, oui !

Après s'être vivement essuyé, Hans s'allongea sur le sable. Et Joanne finit par l'imiter en se disant qu'il n'y avait pas de mal à cela et que, d'ailleurs, il faisait trop chaud pour flâner dans une ville inconnue.

Hans consulta sa montre — Joanne se rappela qu'il ne l'avait pas retirée avant de se jeter à l'eau.

— Elle est totalement étanche, bien sûr, ce qui se fait de mieux dans le genre ! railla la jeune fille.

— C'est normal, elle est de fabrication suisse !

— Et vous avez les moyens d'y mettre le prix.

— Joanne, cette remarque est indigne de vous.

Il se tourna sur le côté et la considéra par-dessus ses lunettes teintées.

— Ces réflexions mesquines à l'égard de ceux qui sont nés dans des familles fortunées sont stupides, car cet état de choses ne change rien à ce qu'ils sont profondément.

— Vraiment ? persifla-t-elle, volontairement blessante.

Elle réussit en effet à lui imposer silence. Rassemblant ses effets, le jeune homme se dressa d'un bond et s'éloigna à longues enjambées. Et à mesure que s'estompa sa silhouette dans la brume de chaleur, Joanne ressentit sa propre solitude.

Elle était indiscutablement responsable de cet incident. En soupirant, elle s'allongea sur le ventre et enfouit sa tête sous ses bras croisés. Bientôt, le soleil commença à lui brûler la nuque, la décourageant ainsi de s'exposer davantage.

Elle partit se promener sur l'esplanade. Au bout de quelques mètres, elle eut l'intuition qu'on la suivait. Elle se retourna et parcourut des yeux la foule, espérant apercevoir Hans...

Déçue de ne voir personne qui lui ressemblât, elle traversa la rue. La sensation d'être suivie persista et malgré la chaleur, un frisson lui parcourut le dos.

En longeant les hôtels et les magasins du front de mer, elle décida de savoir qui l'épiait et, feignant de s'intéresser à la devanture d'une boutique, elle s'immobilisa devant la vitrine et s'en servit comme d'un miroir. A vingt pas derrière elle, quelqu'un s'arrêta aussi. Un homme en saharienne blanche. Etait-ce une coïncidence ? Cette tenue était assez courante dans la région, mais Joanne fut néanmoins convaincue que l'homme était celui qui l'avait déjà observée à l'aéroport et dans le bar de l'hôtel. Le cœur battant, Joanne se remit en marche, et obliqua d'un mouvement brusque dans le dédale des ruelles voisines de l'église.

Cette fois, ce fut la vitre protégeant un plan de la ville qu'elle utilisa comme rétroviseur.

Elle reconnut l'homme en blanc quand il apparut à

l'angle juste avant qu'il ne s'élançât dans une ruelle comme s'il avait été surpris de découvrir que la jeune fille l'attendait.

Joanne tremblait à présent — il lui fallait repérer une cachette. Voyons, la cathédrale paraissait le lieu le plus pratique. Joanne escalada en courant l'escalier interminable qui aboutissait au porche, n'osa pas s'arrêter pour soulager son point de côté ou pour regarder derrière elle. Parvenant enfin à la porte de l'église, elle drapa son drap de bain sur ses bras nus et se faufila à l'intérieur de l'édifice.

Malheureusement, à cette heure, rares étaient les fidèles ou les touristes, et Joanne portait une robe jaune quelque peu voyante. Son oreille attentive perçut un bruit de porte qui se refermait. Quelqu'un était entré.

La blancheur du costume était aisément repérable dans la pénombre de la cathédrale. De la même façon, l'inconnu l'avait sûrement remarquée. Il lui fallait absolument fuir. Par chance, ses sandales ne faisaient aucun bruit. Mais elle distingua d'autres pas — résolus, vifs, qui résonnaient à mesure qu'ils se rapprochaient.

Le splendide bâtiment qu'était l'église devenait menaçant comme une prison. La panique avait poussé Joanne dans la pire des cachettes. A l'extérieur, au milieu de centaines de touristes, elle aurait été en sécurité. Il lui fallait s'échapper... Elle étouffa un sanglot de soulagement lorsqu'elle remarqua une porte découpée dans le fond d'une chapelle latérale. Elle courut vers elle, se débattit pour manœuvrer la poignée métallique. Les pas progressaient vers elle...

La porte s'ouvrit, révélant un soleil éclatant, un air chaud et lourd, Joanne se précipita, mais au-dehors, elle maîtrisa l'instinct qui l'exhortait à courir. Dissimulée à l'abri de l'angle du mur, elle patienta.

L'homme en blanc parut. Maintenant, elle savait de façon formelle qu'il la poursuivait. Et c'était bien l'inconnu qu'elle avait précédemment repéré.

Que cherchait-il ? Que voulait-il ?

Ce n'était pas le moment de s'attarder pour y réfléchir. Mieux valait le surveiller, ne pas le perdre de vue. Si elle ne se concentrait pas suffisamment, elle perdrait le léger avantage que représentait le fait de l'avoir en point de mire. L'homme descendit quelques marches, s'immobilisa, regarda à gauche, à droite, derrière lui. Joanne se glissa derrière un prêtre rondouillard et du coin de l'œil, vit l'homme hésiter un instant, puis dévaler les marches deux par deux.

Les jambes encore flageolantes, mais soulagée, Joanne resta là, sur l'escalier, se demandant ce qu'elle allait faire à présent. Devait-elle le laisser filer ?

Elle lui emboîta le pas avec précaution. Parvenu au début de l'esplanade, l'homme hésita à nouveau. En se rapprochant, Joanne le vit hausser les épaules et comprit qu'il croyait l'avoir perdue. Son cœur reprenant peu à peu un rythme normal, Joanne renonça avec plaisir à ce jeu de cache-cache.

Elle avait soif et se mit en quête d'un café.

Quand elle en eut repéré un, elle s'assura que l'homme en blanc ne rôdait pas dans les environs, choisit une table à l'ombre. L'établissement était bondé, la serveuse lente, mais tout cela importait peu. Joanne était enfin assise. Après s'être tranquillement désaltérée, elle retournerait vers le car où elle jouirait de la protection des touristes... et de Hans. Malgré leur mésentente, le jeune homme se rangerait à ses côtés, fort, digne de confiance, rassurant.

Elle dégusta une boisson glacée, presque somnolente après la terrifiante poursuite qu'elle avait menée. Dans un sursaut, elle réalisa qu'il devait être l'heure de rejoindre le car.

Joanne engloutit le reste de son verre, héla la servante, chercha de la monnaie.

Une main agrippa son épaule, étreignant douloureusement sa peau brûlée par le soleil.

— Que diable fabriquez-vous ?

C'était Hans. Il déchiffra l'addition, jeta quelques pièces de monnaie sur la table et, maintenant d'une main ferme la jeune fille, la poussa en avant. Il la contraignit à courir tout au long de l'esplanade.

— Excusez-moi..., balbutia-t-elle.

— Gardez votre souffle pour vous dépêcher ! coupa-t-il. Nous avons une heure de retard ! Priez le Ciel pour que nous évitions les embouteillages !

— Je suppose qu'ils attendent tous dans le car ?

— Exact !

Il lui fit presser le pas. Si elle l'avait déjà jugé abrupt, ce n'était rien en comparaison de sa fureur actuelle.

— Que vais-je leur expliquer ?

— Rien. Laissez-moi ce soin, ce sera moins catastrophique !

Quand ils arrivèrent à proximité du car, la soutenant d'une main par le coude, il passa son autre bras autour de sa taille.

— Ah ! ce n'est pas le moment d'avoir des conflits d'opinion ! pesta-t-il en allemand comme elle se débattait pour se dégager. Pliez-vous à mon jeu !...

Il l'aida sans nécessité à grimper dans le véhicule puis déclara en souriant au groupe :

— Vous voudrez bien nous pardonner ce retard, Joanne a été incommodée par la chaleur. Par chance, je l'ai récupérée dans un café où elle reprenait ses esprits.

Un murmure de sympathie s'éleva derrière Joanne, qui éprouva un sentiment de culpabilité. Pourquoi Hans avait-il menti pour la couvrir ? La jeune fille ne savait trop comment elle devait réagir.

Visage sévère, bouche pincée, Hans mit le car en marche. Il conduisit vite le long de la corniche qui serpentait. Joanne admira son art du pilotage. Qui se serait douté qu'il n'avait pas passé son existence à manier des poids lourds ?

Il accomplit le parcours en une heure, permettant ainsi aux clients de se rafraîchir avant le dîner. Joanne le vit sourire de satisfaction.

Comme les touristes s'engouffraient dans l'hôtel, Joanne considéra Hans avec anxiété. Celui-ci, après avoir rassemblé ses affaires, tendit la main vers la poignée de la portière.

— Je suis sincèrement navrée, Hans, je n'ai pas de montre et...

— C'est évident ! trancha-t-il, sautant dans la rue.

— Je voulais seulement vous prier de m'excuser et vous remercier d'avoir trouvé un prétexte pour justifier mon retard.

Le regard de Hans croisa le sien, par-dessus le dossier du siège. La sueur ruisselait sur le visage hâlé du jeune homme. Joanne fut désolée de sa propre insouciance, et d'avoir vexé Hans, de l'avoir obligé à conduire comme un fou sous cette chaleur.

Hans soupira avec lassitude.

— Ecoutez, j'ai terriblement besoin d'une douche. Je ne veux plus songer à cette histoire pour l'instant. Nous en discuterons tête à tête plus tard.

Ils dînèrent dans un silence pesant. Joanne mourait d'envie de parler de sa disparition et d'en terminer avec cette mésaventure, mais les prunelles bleues si dures de Hans exigeaient la soumission.

— Venez ! ordonna-t-il lorsque, le dîner achevé, leur groupe se fut dispersé.

Dans l'ascenseur, préoccupé, il garda le silence, et Joanne supputa ses chances. L'incident était-il assez grave pour que Hans décidât de se débarrasser d'elle ? Car, indubitablement, il pouvait sans problème organiser son renvoi et son remplacement.

Si cela se produisait, que diable ferait la jeune fille ? Un retour à Londres serait reconnaître et avouer à James qu'elle avait échoué.

Hans referma silencieusement la porte de sa chambre et désigna un siège à Joanne, mais celle-ci préféra rester debout. Il lui serait, se dit-elle, plus facile de subir la semonce et de sortir précipitamment si elle était « remerciée ».

Le jeune homme se dirigea vers la fenêtre et demeura ainsi, le dos tourné, réfléchissant — jusqu'à l'instant où il pivota sur ses talons pour lui faire face.

— Ne recommencez jamais cela ! Vous avez fait attendre tout le monde, et... je ne savais absolument pas où vous chercher !

— Je reg...

— Vous regrettez, je sais, vous l'avez déjà dit. Mais cela ne compense pas... l'angoisse que j'ai vécue.

— L'angoisse !

Il baissa les paupières.

— J'ai la responsabilité de mes guides. Je ne peux pas les laisser disparaître, les abandonner dans une ville étrangère — même si l'envie m'en démange !

Malgré le ton grinçant, Joanne pressentit qu'il ne comptait pas la congédier. Elle se rendit même compte qu'il avait été franchement inquiet sur son sort. Soulagée, et surprise, elle ne put réprimer un sourire.

— Suis-je acquittée ? interrogea-t-elle.

Elle regretta immédiatement cette riposte un peu vive.

— Ne m'interrompez pas, je n'en ai pas fini avec vous ! Vous avez laissé choir la compagnie, les clients ; et à cause de vous, je me suis comporté comme un cinglé ! J'ai conduit de façon insensée !

— Ah non ! vous avez au contraire fait preuve d'une grande maestria, et d'une assurance totale.

Sourcils froncés, il rougit et dévisagea son invitée. Puis, affectant la désinvolture, il lui tourna de nouveau le dos. Sur fond de ciel nocturne, la vitre refléta son sourire.

— Je n'aurais probablement pas dû faire cet éclat, vous laisser...

— Je vous avais contrarié.

— Oui ! c'était une véritable provocation.

Quand il lui fit face, Joanne remarqua qu'il semblait rajeuni, et qu'il avait, pour une fois, l'air vulnérable.

— Jeune femme, vous auriez pu ruiner des années de rude labeur sans vous en apercevoir !

— Je ne saisis pas...

L'attrapant par les épaules, il la poussa vers le miroir qui lui renvoya son image de la tête aux pieds.

— Regardez-moi ces immenses prunelles dorées et innocentes, cette exquise silhouette féminine — et affirmez si vous l'osez que vous ne les utilisez pas pour réduire en esclavage tous les hommes, moi y compris !

— Si je l'ai fait, ce fut certainement inconscient !

Il inspira profondément, et ses doigts étreignirent plus fort les épaules de sa compagne.

— Dans cette hypothèse, j'insisterais pour que vous

modifiiez votre attitude… Enfin, ne l'oubliez pas, je ne tolérerai plus aucune étourderie susceptible de mettre ma Compagnie en péril.

— Ce n'était pas une étourderie ! se récria Joanne qui s'interrompit aussitôt, réalisant au même moment que cette histoire de filature ressemblerait à un prétexte fallacieux. Je… je n'avais pas l'heure exacte.

— Je sais. Nous changerons cela. Entre-temps…

— Je dois redoubler d'efforts ?

Il acquiesça, et son sourire adoucit ses traits, la ligne de sa bouche.

— Maintenant, vous pouvez m'offrir un verre. Rappelez-vous, c'est moi qui ai réglé votre limonade :

— Oh !… cela m'avait échappé ! s'excusa-t-elle avec une gêne qui déclencha l'hilarité de Hans. Je vous dois aussi des remerciements pour avoir si habilement rétabli la situation, murmura-t-elle, émue de cette présence si proche.

— N'en parlons plus, chuchota-t-il. Je l'ai fait pour conserver la bienveillance des clients plus que pour vous sauver la face.

Manifestement, il se moquait gentiment d'elle. Il la gardait contre lui, cherchant son regard, ses mains caressant ses épaules nues.

Doigts croisés devant elle, Joanne, comme à l'accoutumée, jouait avec sa bague de fiançailles. Baissant la tête, Hans brusquement libéra la jeune fille :

— Allons boire ce verre, suggéra-t-il, froidement.

*
* *

Le lendemain matin, il ne se présenta pas à la table du petit déjeuner. Il avait laissé un message annonçant qu'il serait absent pendant les deux journées de loisir dont les touristes disposaient à Sorrente.

Après son départ, Joanne éprouva une sensation de malaise comme si quelque chose allait de travers. Cependant... Hans devait la savoir capable de se débrouiller seule, sinon il ne l'aurait pas quittée de la sorte. Mais il lui manquait.

Elle regrettait le regard des prunelles bleues qui, pourtant, la défiait souvent. Elle regrettait les conversations qu'elle avait avec lui pendant les repas, conversations qui devenaient de plus en plus chaleureuses au fur et à mesure que le temps passait.

Elle se gourmanda intérieurement. C'était grotesque. Hans était toujours celui qui lui avait déplu lors de leur première entrevue, celui qui n'avait aucune patience.

Néanmoins, quand son regard se soudait au sien, il devenait irrésistible et émouvant. A plusieurs reprises, Joanne avait deviné qu'il luttait pour ne pas l'embrasser. Mais, comme la veille au soir encore, jamais la bouche ne s'était vraiment rapprochée de ses lèvres. Et la jeune fille en avait été quelque peu déçue.

De ce fait, Joanne fut heureuse quand la table du dîner fut à nouveau dressée pour deux. Elle était au milieu de son repas lorsque, levant la tête, elle poussa une exclamation en voyant Hans se glisser à sa place. Il portait un costume gris, une chemise mauve et une cravate assortie.

— Oh ! vous êtes superbe ! s'écria-t-elle sans réfléchir.

— Je m'efforce de ne pas me faire remarquer, mais je suis venu directement du bureau ! riposta-t-il, sourcils froncés. Continuez à manger, ce n'est pas la huitième merveille du monde que vous contemplez ! Même moi, je suis en possession de plus d'un équipement !

Joanne se crispa tandis que Hans adressait son sourire professionnel à la serveuse.

— Bon voyage ? s'enquit la jeune fille, l'air volontairement indifférent.

— La routine des affaires, mais ça s'est bien passé, marmonna Hans qui manifestement contenait une certaine mauvaise humeur.

Pourquoi était-il soucieux ? Sa vie conjugale le tourmentait-il ?

Sans lui accorder le loisir de réfléchir plus avant, Hans tira une enveloppe de sa poche.

— Le reçu pour le formulaire que j'ai remis de votre part, expliqua-t-il. Le patron a bien voulu oublier votre négligence, exceptionnellement.

— Je vous en remercie vivement, sourit-elle.

Il eut ce haussement d'épaules désinvolte qui lui était familier et sur lequel elle s'attendrit.

— Attention, maîtrisez-vous pour ne pas exprimer votre surprise, du moins ici, avertit-il comme elle saisissait l'enveloppe.

Intriguée, elle palpa l'enveloppe, sans comprendre. Elle fixa Hans qui, acquiesçant d'un signe, se fit rayonnant. Alors, elle l'ouvrit et en sortit une montre en or, très classique.

— Pas un mot, pressa-t-il à mi-voix. Pas pour le moment.

— Mais...

— Plus tard. Finissez de dîner.

Aussitôt après, ils regroupèrent leurs touristes pour les conduire dans un cabaret. Joanne soupçonna son compagnon de prendre un malin plaisir à retarder les explications. Mais elle avait l'œil constamment vrillé sur la montre qui brillait à son poignet, sous le regard amusé et observateur de Hans.

Ce ne fut qu'une fois déchargés de leur groupe qu'ils eurent l'occasion d'échanger quelques mots en privé.

— Ah ! j'ai été récompensé ! s'écria Hans. Votre mine ahurie, et puis, le sourire que vous ne pouviez retenir chaque fois que vous regardiez l'heure !

— Mais Hans, pourquoi ce cadeau ?

— Pour que vous ne bouleversiez plus à l'avenir les horaires et les emplois du temps de la Compagnie.

— Vous fournissez donc des montres à vos nombreux guides ?

— Seulement à ceux contre lesquels je dois personnellement me protéger. Ceux qui menacent l'équilibre des choses.

L'éclairage de l'hôtel révéla son sourire taquin, presque enfantin.

— Ne retirez jamais cette montre de votre poignet, enchaîna-t-il avec une sévérité que démentait la lueur dans les yeux bleus. Elle est étanche — et *presque* aussi précise que la mienne ! Avec son aide, vous ne serez plus en retard.

— Je ne sais comment vous remercier.

— Vraiment ?

Il éclata de rire. Il était encore assis au volant de son véhicule et l'air de la nuit, par la fenêtre ouverte de la portière, faisait voleter ses mèches blondes. Assise tout près, Joanne réfréna l'envie de tendre la main pour caresser la joue hâlée du jeune homme. L'attitude de Hans l'invitait à moins de réserve, à oublier James, et la situation que Hans avait laissée chez lui, quelle qu'elle fût. Et peut-être parce qu'ils avaient tous deux des problèmes, elle ne put retenir totalement ses impulsions.

Au reste, quel mal y avait-il à remercier Hans ? Elle se pencha et effleura, de ses lèvres, la joue du jeune homme.

— Je vous remercie, Hans.

Il l'attira contre lui, avec gaucherie à cause de leurs positions respectives, et ses lèvres trouvèrent celles de Joanne sans difficulté. Les battements du cœur de Joanne s'accélérèrent au gré d'une attirance qu'elle ne pouvait plus ignorer. D'instinct, la jeune fille leva le bras pour le passer autour de la nuque de Hans — et le diamant à son annulaire scintilla.

Hans soupira en se dégageant.

— Bon, marmonna-t-il comme pour lui-même, l'air grave et soudain las. Mieux vaut rentrer.

Il ouvrit la portière, sauta à terre, verrouilla le battant. Ses pas résonnèrent sur le bitume quand il fit le tour de son car.

Au fond d'elle-même, Joanne sentait que Hans avait terriblement besoin d'elle. Mais à quel titre ? Hans l'intriguait beaucoup. Pourquoi était-il ici plutôt que dans son bureau ? Pourquoi son regard se perdait-il souvent dans le vague, comme s'il s'efforçait de résoudre un problème insurmontable ? Le jeune homme avait-il des difficultés avec sa société ou dans sa vie personnelle ? Quoi qu'il en fût, Joanne ne demandait qu'à comprendre, elle aurait tout donné pour qu'il se confiât à elle. Mais... comment l'y encourager ?

— Vous venez ? fit Hans, ouvrant la portière.

Il semblait tendu, épuisé, déprimé.

— Qu'y a-t-il, Hans ? risqua-t-elle à demander.

Surpris, il la dévisagea, s'efforça d'effacer son mécontentement.

— Et ne me répondez pas par un haussement d'épaules, insista la jeune fille.

Il remonta dans le car, sourit en secouant la tête.

— Vous connaissez trop mes secrets !

— Oh !...

Pourquoi se sentir blessée, avoir la sensation qu'il lui claquait la portière au nez ? Ce que Hans lui faisait ou lui disait n'avait pas d'importance, au fond.

— Et j'en sais trop sur vous pour vous voler des baisers, reprit-il dans un murmure en désignant la bague de Joanne.

— Ce baiser-là vous était offert, chuchota-t-elle.

Il lui étreignit la main, la tira pour l'obliger à se lever.

— Venez, jeune femme, je suis sur pied depuis six heures ce matin. Je suis épuisé, et je finirai pas dormir debout !

— Vous qui m'aviez convaincue que vous étiez bien réveillé ! riposta-t-elle, remarquant la gaité dans les prunelles du jeune homme.

Après avoir verrouillé les portières, Hans attira Joanne dans l'ombre du véhicule, la serrant si fort qu'elle sentit son cœur battre contre le sien.

— Je ne peux pas vous révéler ce qui ne va pas, je ne trouve pas les mots, confessa-t-il enfin. Mais merci de m'avoir posé la question.

Et il lui rendit sa liberté. Elle l'entendit siffler quelques notes sans suite et sans joie, tandis qu'elle le précédait vers le hall de l'hôtel.

Le lendemain matin, il parut calme et reposé. Quand ils démarrèrent pour Pompéi avec leurs touristes, elle constata cependant à quel point sa sérénité était fragile. Il ne cessait de claquer des doigts pour réclamer une cigarette.

A Pompéi, une fois le car déserté, il commanda :

— Je veux vous voir tous de retour pour trois heures précises.

Et il tourna les talons.

— Hans, voyons !... protesta-t-elle en le rattrapant. C'est la première fois que je viens ici et...

— Il y a un guide parlant anglais. Vous pouvez vous débrouiller pour maintenir votre équipe dans son sillage, non ?

Il fonça vers un café voisin. Elle le regarda, l'œil rond, se demandant si elle n'avait pas imaginé la tendresse qu'il lui avait témoignée la veille.

En se hâtant de rejoindre les quatre institutrices qui l'attendaient, elle pensa qu'elle avait grandement tort de se laisser bouleverser ainsi par Hans. Mais comment lutter ? Jamais encore elle n'avait éprouvé pareils sentiments pour quiconque, pas même pour James !

La lettre de James qui arriva le lendemain la stupéfia. Le jeune homme en avait assez de ces fiançailles à distance. Il comptait prendre l'avion pour Rome où il avait réservé une chambre dans l'hôtel qu'occupaient Joanne et ses touristes.

— Ah ! les nouvelles semblent meilleures ! observa Hans comme elle repliait la lettre.

— James arrivera à Rome pratiquement en même temps que nous.

Le regard énigmatique des yeux bleus ne révéla rien, et il n'y avait pas davantage signe d'une réaction dans la voix qui lança :

— Hé, vous l'avez vite domestiqué !

Tant qu'ils n'eurent pas quitté Sorrente, il n'émit

pas d'autre commentaire. Il déchargea et tria les bagages avec la jeune fille et d'une voix un peu rauque, qui chez un autre aurait paru teintée d'anxiété, il murmura :

— Quel que soit votre avenir personnel, je vous fais confiance, vous resterez avec nous pour le reste de la saison...

— Mais vous semblez en douter ! Quelle piètre opinion vous avez de moi, Hans ! Vous n'êtes pas le seul à aller au bout de ce qui est entrepris.

— Bon, fit-il, souriant en se redressant.

Elle réalisa soudain qu'il était content de sa réaction. En aidant ses touristes à s'installer dans le car, elle se demanda s'il avait remarqué et compris à quel point le comportement de James continuait de la déprimer et de la décontenancer.

CHAPITRE III

Joanne commença à penser qu'ils n'arriveraient jamais à Rome. Un camion avait répandu sur l'autoroute son chargement de melons, provoquant un incroyable embouteillage.

Lorsqu'ils débarquèrent enfin à l'hôtel, la réception annonça à Joanne que James avait téléphoné deux fois de l'aéroport et qu'il était depuis arrivé en taxi.

La jeune fille en fut agacée, car elle avait l'intention d'aller accueillir son fiancé à l'avion. Elle disposait de sa soirée et elle avait hâte de connaître la raison du voyage de James. Maîtrisant son impatience, elle prit le temps de répartir les chambres, de distribuer les valises, puis d'installer ses touristes dans la salle à manger. Elle se mit à table sans attendre Hans qui semblait avoir disparu.

Il s'affala à sa place au moment où elle attaquait un plat de lasagnes. Elle eut probablement vers lui un regard interrogateur même si elle ne posa aucune question.

— Un coup de téléphone urgent à donner, expliqua-t-il, laconique et sombre.

— Pas de mauvaises nouvelles, j'espère ?

Dans son hésitation, elle devina son envie de se confier, mais il secoua la tête.

— N'y pensez plus, vous êtes pressée de vous libérer ce soir.

Vexée, Joanne détourna les yeux. Ce fut alors qu'elle remarqua James, de l'autre côté de la salle. Apparemment, il l'observait depuis un bon moment. Réalisant qu'elle l'avait vu, il se leva et s'avança vers la table sans ébaucher un sourire. Joanne présenta les deux hommes l'un à l'autre. Constatant que Hans jaugeait James, elle pesta intérieurement.

— J'imaginais que vous seriez là plus tôt, marmonna James.

— Nous avons été retardés.

— Voilà un accueil bien chaleureux, après des semaines de séparation et le voyage que je me suis imposé, Joanne ! Tu aurais au moins pu venir à l'aéroport.

Joanne déglutit péniblement.

— Joanne travaille, avec efficacité et compétence, je vous assure, s'interposa Hans qui se tourna vers la jeune fille pour lui sourire.

— Elle sait parfaitement qu'elle n'est pas obligée d'avoir une activité, fulmina James.

Le temps de se ressaisir, et Joanne tenta de se montrer aimable.

— As-tu fini de dîner, James ? Sinon, viens à notre table.

— Elle n'est pas large, dois-je déménager ? grinça Hans avec calme.

— Absolument pas, rétorqua Joanne.

— C'est toi qui me rejoindras à ma table, Joanne. Nous avons à discuter, et je ne peux pas prolonger mon séjour autant que j'en avais l'intention.

Au lieu de se plier à sa volonté ainsi qu'elle l'aurait fait quelques semaines auparavant, la jeune fille s'irrita de son indélicatesse. Elle quêta du regard le soutien de Hans et nota son étonnement devant l'hésitation dont elle faisait preuve.

— Vous étant assurée que tout allait bien pour nos clients, le reste dépend de vous, Joanne, fit le jeune homme.

James, lui, ne doutait pas de sa docilité. Seulement n'avait-elle pas pris le large justement afin de lui prouver qu'elle ne faisait pas partie des meubles dont on se débarrassait quand ils avaient cessé de plaire.

— Non, je préfère dîner à ma table, décida-t-elle. Je ne veux pas déranger le service.

— Comme tu voudras, répliqua James qui s'éloigna.

Hans fixa la jeune fille. Il avait l'air enchanté. Mais elle tint à lui faire partager sa gêne.

— Vous auriez pu aussi l'inviter à se joindre à nous.

— Effectivement, admit Hans, impassible.

Abasourdie, elle se souvint de son intervention pleine de tact. Et elle le remercia d'un sourire.

— C'était gentil d'être intervenu en ma faveur.

Il acquiesça de la tête et continua son repas.

Sitôt après le dîner, James vint chercher Joanne, après un bref « bonsoir » à l'adresse de Hans. Brusquement, Joanne se sentit perdue, seule avec cet homme qu'elle appelait son fiancé, dans une capitale étrangère.

— Je n'ai pas loué de voiture. Cela n'en valait pas la peine puisque je reprends l'avion demain. Où souhaites-tu te rendre ? Je vais appeler un taxi...

— Je n'ai pas de suggestion particulière à faire...

— C'est pourtant ton travail de connaître les lieux dignes d'intérêt, non ?

— Dans ce cas, allons au Colisée qui est illuminé le soir et toujours si...

— Ah non ! pas là, je t'en prie ! C'est envahi de touristes.

— Oui, des gens comme nous, en somme !

— Comme tu es bizarre, Joanne !

— C'est-à-dire que je ne suis pas snob...

— Oh !... excuse-moi, mais j'ai horreur de te voir travailler avec ces gens.

— Mon métier est passionnant. Les gens sont sympathiques, et je suis ravie de... participer à la réussite de ce voyage. J'adore faire partie d'un groupe, d'une équipe...

— Quelle équipe, s'ils sont tous bâtis sur le modèle de ce chauffeur !

« Si seulement tu savais ! » se dit intérieurement Joanne qui se mordit la langue pour ne pas révéler l'identité véritable de Hans.

La soirée ne fut pas ce qu'elle avait espéré. James ne fut pas sensible aux splendeurs de la Ville Eternelle — il n'émit que des critiques. Quand la foule s'amenuisa, il cessa de se plaindre de l'encombrement des rues pour déclarer que Rome était une ville morte ! Nullement impressionné par le Forum, le Palatin, le Tibre, il s'empressa de ramener sa compagne à l'hôtel.

Joanne réfréna l'envie de lui rappeler que c'était lui qui avait eu l'idée de cette visite. Elle savait que si elle le mécontentait, elle risquait de ne pas connaître la raison de ce voyage.

En marchant dans les jardins de l'hôtel, il commença :

— Je me suis interrogé... à notre sujet. Tu as peut-être eu raison de souhaiter cette séparation.

Qu'allait-il ajouter ? Qu'il s'était rendu compte à

quel point il avait besoin d'elle ? Un mois plus tôt, cette perspective eût ravi la jeune fille. Aujourd'hui... elle ne savait plus trop que penser. Elle avait considéré James sous un jour nouveau. Elle était sûre à présent qu'il lui fallait du temps, infiniment plus de temps avant de pouvoir s'engager.

James se dirigea vers la balancelle du jardin et tapota le coussin près de lui. Une fois Joanne assise, il lui entoura les épaules de son bras, donna de l'élan à la balancelle et nicha son visage dans le cou de sa compagne. Par les portes vitrées, la jeune fille aperçut Hans seul au bar. Elle avait hâte que James abordât son problème, parce qu'elle avait envie d'aller boire un verre.

Sur ses lèvres se pressa la bouche de James, dure, exigeante, rappelant à Joanne l'ivresse que les baisers du jeune homme faisaient naître en elle auparavant. Durant quelques minutes, la jeune fille renonça à penser — jusqu'à ce qu'elle se rendît compte que quelque chose avait changé. Elle était devenue comme étrangère à toute sensation, elle ne faisait qu'observer afin de... Que cherchait-elle donc ?

— Comme je te l'ai dit, cette trêve a été utile pour nous deux, murmura James entre deux baisers. Chez nous, nous étions trop... cernés par les circonstances, trop limités.

— Pour toi, sûrement pas ! Tu disparaissais continuellement, m'abandonnant à tes parents.

— Tu ne comprends pas que c'étaient eux qui m'entravaient ? Ici, nous allons pouvoir faire un essai loyal.

— Un essai ?

— Pourquoi crois-tu que je suis ici ? L'endroit est idéal, le décor parfait.

— Je ne comprends pas...

— Voyons, tu n'es pas si candide ! Tu portes ma bague de fiançailles. Tu ne t'imagines sûrement pas que je rendrai notre union définitive avant de savoir si tout marchera entre nous.

Joanne ne répondit pas. Elle était péniblement déçue. En d'autres temps, elle aurait tout accepté de James — mais pas ainsi, pas comme si elle passait une espèce d'examen.

— Je regrette, James, je ne suis pas d'accord. Je n'ai jamais cru que les expériences amoureuses permettaient de déterminer la durée d'un mariage autant que de sa réussite.

— Tu n'aurais pas accepté ce tête-à-tête si tu ne t'apprêtais à...

Il n'acheva pas sa phrase. Joanne s'arracha à son étreinte, retira sa bague et la jeta à la figure de James.

— Reprends ta bague ! fit-elle, cinglante.

Et tête basse, elle s'enfuit vers le bar, cachant sa détresse.

Lors du petit déjeuner, le lendemain, Hans apparut pensif, mais Joanne avait d'autres soucis en tête. Elle venait de passer une longue nuit d'insomnie.

Elle se dit qu'elle avait eu raison de suivre son instinct, mais elle s'était trop vite emportée. Durant des années, James avait été le centre de son univers. Désormais, son absence laissait dans sa vie une brèche considérable. Ils pourraient peut-être rester amis, garder le contact... Si elle l'accompagnait à l'aéroport, si elle lui faisait comprendre qu'elle avait besoin de temps...

Elle aimait James depuis toujours ou presque... Il était impossible qu'elle se fût à ce point trompée sur lui, tout de même. La nuit dernière avait été, certes, désastreuse, mais pas irrémédiable.

La table, que le jeune homme occupait la veille, était libre. Etait-il déjà parti ? Elle se devait de lui écrire...

Le regard bleu de Hans se porta vers la porte, au-delà de Joanne. James se trouvait sur le seuil. Le jeune homme s'approcha de Joanne, vint l'embrasser comme s'il n'était rien arrivé.

— Accompagne-moi à l'aéroport, mon avion part à onze heures.

Elle avait eu raison : leur dispute n'était pas irrémédiable.

— Mais nous allons aux Catacombes, objecta Hans.

— Vous n'avez pas besoin de moi là-bas, remarqua Joanne en le dévisageant.

— En effet, mais c'est votre travail...

— Je te demande une minute, James. Veux-tu m'attendre dans le couloir ? Hans, vous savez parfaitement qu'il y aura un guide aux catacombes. Je ne ferai défaut à personne... Je vous en prie, Hans, ajouta-t-elle dans un murmure, c'est capital.

— Très bien, s'il le faut... accompagnez-le donc puisque vous y tenez tant. D'ailleurs, vous partirez de toute manière, et je vous ferai remplacer dès que nous aurons quitté cet hôtel.

Joanne ne parvint pas à faire l'effort de s'adresser à Hans tant qu'ils ne furent pas seuls dans le car, à proximité des catacombes.

Car évidemment, c'était aux catacombes que Joanne s'était rendue — docile (et honteuse de l'être), incapable d'ignorer ce qui n'était sûrement pas une menace en l'air. Elle décida néanmoins d'apprendre à Hans qu'elle n'était pas du genre à se plier sans discuter.

— Ça vous ennuierait-il de me dire pourquoi vous avez tant insisté pour que je vous accompagne dans cette excursion, Hans ?

— Vous tenez réellement à le savoir ? rétorqua-t-il en s'asseyant en biais sur son siège.

— Vous ne me considérez probablement pas comme irremplaçable, à en juger par les défauts que vous me reprochez si souvent ?

— En vérité...

Le regard perdu, il hésita.

— Alors ? encouragea-t-elle.

— Hier soir, quand vous avez regagné votre chambre, votre fiancé est venu au bar. Il m'a évité, mais je n'ai pu m'empêcher d'écouter ses commentaires...

Il se tut, embarrassé.

— Puisque cela me concerne, autant que je le sache !

— Cela ne va pas vous plaire...

— Puisque cela me concerne, autant que je le sache.

— Eh bien, voilà, il fêtait l'événement. Il avait, juste à temps, disait-il, découvert que vous étiez puritaine.

— Je le suis, oui, et après ?

— Ecoutez, Joanne, j'ignore ce qu'il en est dans votre pays, mais dans le mien, un monsieur ne parle pas de cette façon de sa fiancée.

Elle prit une profonde inspiration, priant le Ciel de ne pas dévoiler sa vulnérabilité en s'abandonnant aux larmes qu'elle avait, jusque-là, pu contenir.

— Il a aussi...

Hans s'interrompit.

— Continuez, Hans.

— Cela va vous faire mal.

— Je suis prête à tout entendre.

Inutile de feindre maintenant, Joanne comprit que sa voix allait la dénoncer.

— Il a quelqu'un d'autre pour prendre votre succession.

— J'ai saisi, Hans, balbutia la jeune fille, portant les mains à ses tempes, d'abord pour atténuer la douleur qui lui vrillait la tête, mais aussi pour masquer ses yeux.

Cinq minutes s'écoulèrent, interminables. Hans gardait le silence... Joanne maîtrisait ses larmes. Elle se rappela un détail.

— C'est la raison pour laquelle vous m'avez empêchée d'aller à l'aéroport, n'est-ce pas ?

— Je l'ai fait parce que votre rôle exigeait votre présence ici.

— Allons, avouez, Hans ! Vous avez refusé à James la satisfaction de me maintenir sous sa coupe, n'est-ce pas ?

Hans ne put soutenir le regard de Joanne, et il se détourna.

— Il ne mérite pas que vous lui sacrifiiez votre orgueil, Joanne. Quittez-le, insista-t-il en tendant la main pour étreindre celle de Joanne. Et n'en faites pas un drame. Aujourd'hui, vous êtes malheureuse. Mais bientôt, vous rirez et vous serez heureuse.

Il sauta à bas du car, s'éloigna, accordant discrètement un répit dont elle lui fut reconnaissante. La jeune fille avait été surprise par la compréhension qu'il avait manifestée. Puis elle avait ressenti le jugement direct qu'il avait porté sur James néanmoins comme un coup de poignard en plein cœur.

Des minutes plus tard, le jeune homme revint, apportant des glaces qu'il avait achetées dans le voisinage.

— Tenez, avalez-moi ça. Et souriez, les autres ne vont plus tarder.

Dans la soirée, Joanne avait récupéré. Elle s'habilla avec soin pour le dîner, résolue à se montrer inchangée malgré la visite de James. Hans la complimenta sur son allure, bavarda agréablement durant le repas et l'imita quand elle se leva.

— Que faites-vous, ce soir ? s'enquit-il.

— Je vais me coucher de bonne heure.

— Ce serait dommage. Vous vous êtes maquillée, coiffée et habillée avec recherche. Il faut que vous vous montriez en ville.

— Seule ? fit-elle, souriante et incapable de résister à l'entrain de son compagnon.

— Je serai, si vous le désirez, votre chevalier servant... enfin, si vous pouvez me supporter...

— Ne faites donc pas tant d'efforts de gentillesse !

Elle regretta aussitôt sa réflexion, mais Hans sourit, non sans circonspection toutefois.

— Il y a un autre motif, Joanne. J'ai besoin de me changer les idées. Et je vous demande de m'accompagner.

— Dans ce cas, volontiers et... merci !

— Bon. Accordez-moi dix minutes, je vais endosser une tenue plus convenable.

Lorsqu'il la rejoignit, Joanne retint une exclamation. Il avait revêtu un costume léger parfaitement coupé qui lui donnait fière allure.

Elle réalisa soudain qu'il était grossier de ne pas exprimer son approbation.

— Je suis infiniment flattée, déclara-t-elle, le regard admiratif.

— Profitons des circonstances pour faire la fête, riposta-t-il avec une moue ironique.

Le cabaret dans lequel ils se rendirent était incontestablement très chic. Joanne remarqua que le barman salua Hans avec déférence — sans que, d'ailleurs, le jeune homme parût s'en étonner, ou en être ravi. Déjà, elle pouvait faire la comparaison. Si elle était entrée ici escortée de James...

— Joanne, je ne vous ai pas invitée pour vous voir ruminer et broyer du noir. Allons danser.

— Ne vous inquiétez pas, riposta-t-elle en se coulant entre ses bras. Vous vous en tirez merveilleusement !

— Quoi ? s'enquit-il, sans comprendre ou feignant de ne pas saisir.

— C'est délicieux d'être avec quelqu'un auprès de qui on ne se sent pas mal à l'aise.

Il haussa les sourcils, mais ne dit mot, et elle se consacra au plaisir de la musique. Elle découvrit que Hans était un remarquable danseur — et elle regretta seulement qu'il restât si distant. Cela semblait incongru tant il s'était révélé toute la journée compréhensif et prévenant. Bientôt, inquiète de savoir ce qui maintenait le jeune homme sur une telle réserve, Joanne trébucha. Il n'eut qu'un geste pour la rattraper et la serrer contre lui.

Elle resta blottie contre lui jusqu'à la fin du slow.

Ne s'arrêtant que pour boire quelques gorgées de leur boisson, ils dansèrent jusqu'au-delà de minuit.

— Nous aurons une journée difficile demain, Hans, non ? rappela Joanne en soupirant.

— Je pensais justement, à regret, que nous devrions rentrer, mais chaque minute de cette soirée m'a été très agréable.

— A moi aussi ! Oui, affirma-t-elle devant son expression railleuse. Je suis sincère. Mais avec un cavalier tel que vous, cela n'a rien d'étonnant !

— Je suis comblé si les sinistres leçons de danse auxquelles on m'a astreint dans mon adolescence portent leurs fruits ! riposta-t-il en ébauchant un salut.

Eclatant de rire, il lui offrit son bras quand ils sortirent de la salle pour prendre un taxi.

A voir Hans traverser ensuite le hall de l'hôtel, on l'eût cru pressé de s'éloigner. Mais Joanne ne pouvait le quitter sans lui assurer à quel point elle appréciait sa bonté et sa prévenance.

— Hans, vous m'avez beaucoup aidée aujourd'hui, fit-elle en effleurant le bras du jeune homme. Vous m'avez rendue plus lucide, et plus heureuse que je n'aurais pu l'imaginer.

Il la dévisagea — et devant tant d'humilité, elle sentit croître l'affection qu'il avait fait naître en elle.

— Je vous ai surpris, n'est-ce pas ? s'écria-t-elle en riant. Personne ne vous a donc dit que vous étiez de plaisante compagnie ?

— Pas vous, en tout cas !

Il regardait au-dessus d'elle, en direction du salon désert. Il l'invita à s'y installer. Joanne s'aperçut qu'elle n'avait nulle envie de soulever des objections. Dire qu'il s'était écoulé vingt-quatre heures seulement depuis l'instant où elle avait restitué sa bague à James ! Eprouvait-elle à l'égard de James un sentiment si fragile qu'elle l'eût déjà oublié ou presque ?

Hans la dirigea vers un canapé. Il s'assit en l'attirant contre lui. Et il hésita.

— Qu'est-ce qui ne va pas ? interrogea-t-elle.

— Ce n'est pas gagné, n'est-ce pas ? soupira-t-il. Le

patron vous faisant la cour, il vous est difficile de vous y opposer.

— Je peux vous considérer simplement comme le chauffeur du car, savez-vous ? rétorqua-t-elle en souriant.

Il éclata de rire avant de l'embrasser longuement. Un souvenir alors affleura à la mémoire de Joanne, quelque chose qui créait un obstacle entre elle et Hans. Mais Joanne chassa cette ombre...

Une horloge dans le lointain sonna une heure, ramenant les deux jeunes gens à la réalité.

— N'oublions pas la rude journée qui nous attend demain, murmura Joanne en souriant.

En marchant près de Hans jusqu'à la porte, elle ressentit une mélancolie insensée, comme si on lui arrachait quelque chose d'infiniment rare et précieux. Elle avait envie de retrouver le réconfort des bras forts autour d'elle.

— Si... comme vous le prétendez, vous avez passé une soirée agréable, hésita Hans, la main sur la poignée de la porte, nous pourrions peut-être recommencer l'expérience ?

Constatant qu'elle ne répondait pas immédiatement, il tourna vers elle un regard interrogateur.

— Cela me ferait infiniment plaisir, affirma-t-elle.

Il l'attira contre lui et pressa ses lèvres sur les siennes. Joanne lui rendit ses baisers avec ardeur.

Mais ensuite, quand elle fut seule dans sa chambre, elle se souvint qu'elle continuait à ignorer tout de la vie privée de Hans.

Au cours d'une nouvelle nuit d'insomnie, Joanne se rendit compte que ce n'était pas seulement parce qu'il était là, près d'elle, qu'elle s'était prêtée à ce flirt. Elle était heureuse avec lui — contente aussi de reconnaître que dans le premier jugement qu'elle avait porté sur lui, elle avait fait totalement fausse route.

Il n'était tout compte fait ni taciturne ni acerbe. Mais il semblait las, à bout de nerfs — à cause peut-être d'un souci qui expliquait et justifiait son humeur changeante. Par sympathie, la jeune fille avait envie de comprendre. A lui qui s'était penché avec tant de sollicitude sur sa détresse, elle voulait prêter la même compréhension. Cependant, en admettant que Hans fût marié et que son ménage ne fût pas heureux, c'était à lui seul de résoudre ses problèmes. Elle n'avait jamais douté de lui. Et elle serait assez raisonnable pour éviter qu'une soirée comparable à celle de la veille se reproduisît. Elle ne voulait pas s'attacher davantage à lui sans en savoir plus long sur son compte.

Tout en s'habillant le lendemain matin, elle entrevit une perspective nouvelle. Hans lui avait offert son amitié — et elle pouvait la lui rendre en toute tranquillité. Le travail l'occupait déjà suffisamment. Depuis le début du circuit, elle s'était aperçue qu'elle appréciait ce travail qui la mettait en contact avec les êtres et ces responsabilités qui lui incombaient. C'était stimulant, et il lui permettait de profiter de sa facilité pour les langues étrangères tout en comblant son goût pour les voyages.

Elle souriait en gagnant la salle à manger — et cela l'étonna elle-même.

— Bonjour, Hans. Grâce à vous, je me sens beaucoup mieux qu'hier à la même heure.

Il leva la tête, mais ne répondit pas plus qu'il ne sourit.

Une fois son café servi, Joanne fit une nouvelle tentative :

— Votre traitement contre la mélancolie est très efficace, vous vous êtes avéré un véritable ami.

Hans s'obstina dans son silence. Partagée entre la volonté de ne pas être indiscrète et celle d'aider Hans, la jeune fille se lança :

— Il est peut-être temps de me tenir au courant de vos propres problèmes...

Leurs regards se croisèrent fugitivement. Hans paraissait affreusement triste, mais il se contenta d'un haussement d'épaules.

— Un jour, oui, c'est possible... A condition que vous acceptiez de m'écouter. Mais pour le moment, je ne dois me concentrer que sur mon travail.

Une fois de plus, Joanne se sentit vexée, et vraisemblablement, cela se remarqua.

— Excusez-moi, Joanne, je ne voulais pas être aussi brutal. Essayez de comprendre... Je tiens seulement à ce que nous arrivions sans encombre à Florence et je ne peux pas me laisser distraire.

Joanne n'avait donc rien appris, sinon que ses émotions de la veille n'avaient pas été provoquées seulement par la musique et la danse avec Hans. En réalité, elle sentait naître en elle, chaque soir un peu plus, le besoin d'être à ses côtés.

Quand il était à son volant, Hans ne se laissait en rien distraire. Joanne l'observa à la dérobée, admirant la maîtrise dont il faisait preuve. Il fallait que, d'une manière ou d'une autre, elle parvînt elle aussi à se discipliner de la sorte. En fait, sa rupture avec James lui apparaissait déjà comme un soulagement puisqu'il la laissait libre de ses faits et gestes. Mais elle ne devait pas manquer de garder en mémoire que Hans était son propre maître.

Tandis qu'ils entamaient le voyage, Joanne se rendit compte que, à partir du prochain week-end, elle roulerait en compagnie d'un nouveau chauffeur et de touristes inconnus. Bientôt, cette première randonnée ne lui semblerait plus qu'un intermède, et ses relations avec Hans n'auraient plus qu'un caractère de cordialité.

Peu après une pause-café sur l'autoroute, l'un des passagers fit remarquer :

— J'ai l'impression qu'il y a une odeur bizarre dans ce véhicule.

Menant son enquête, Joanne constata une incontestable odeur de caoutchouc brûlé. Par les vitres largement ouvertes, les vapeurs lui chatouillaient les narines. Elle se hâta d'aller le signaler à Hans. En quelques instants, le jeune homme gara le car au bord de la route, et sauta à terre. Sourcils froncés, il tâta une roue arrière et retira précipitamment sa main comme si le caoutchouc ou le métal était chaud.

— Alors ? interrogea Joanne.

— On devrait pouvoir atteindre la prochaine station-service.

— Et dans le cas contraire ? Hans, s'il s'agit d'un pneu, vous ne pourriez pas changer la roue ?

— Ce n'est pas un pneu.

— Qu'est-ce que c'est, dans ce cas ? Est-il prudent de continuer à rouler ?

— Evidemment ! répliqua-t-il trop précipitamment. De plus, nous sommes à faible distance d'un garage. Remontez dans le car, Joanne, et expliquez que tout va bien. Ajoutez que nous ferons effectuer une vérification au prochain garage par simple mesure de sécurité.

— C'est vraiment cela ?

— C'est du moins ce que vous allez leur raconter.

— Puisque vous le dites, capitula-t-elle, à contrecœur parce qu'il ne semblait pas lui faire confiance.

— Joanne, fit-il en lui saisissant le bras avant qu'elle

ne fût remontée dans le car, si vous ne vous fiez pas à moi, comment voulez-vous que les autres le fassent ?

Elle se montra alors particulièrement désinvolte dans les détails qu'elle fournit par le truchement du micro. Et elle s'aperçut que Hans la considérait d'un œil approbateur — avant de désigner d'un geste les pompes à essence d'une station. Ils poussèrent l'un et l'autre un soupir de soulagement.

Le café modeste n'était pas de la catégorie fréquentée par les touristes de l'agence, mais il ferait l'affaire. Sans attendre la suggestion de Hans, Joanne y dirigea ses clients.

Elle se retourna ensuite pour voir comment le jeune homme gagnait le garage — et elle retint difficilement un cri horrifié. La colonne de fumée grimpait maintenant de la roue arrière jusqu'au toit du car. Joanne s'empressa de parler à ses touristes, s'excusant de l'inconfort de l'établissement, et elle avait dispersé son monde aux diverses tables quand Hans l'appela.

— On ne peut effectuer ici qu'une réparation provisoire, déclara-t-il. Je me suis organisé pour qu'un autre car vous emmène à Florence.

— Nous ? Mais vous nous accompagnez, bien sûr ?

— Je vous rejoindrai plus tard, je vous ai trouvé un autre conducteur. Il faut quelqu'un pour s'occuper de la réparation. Pour le moment, notre équipe personnelle ne répond pas, mais dès que le contact sera établi, je louerai une voiture qui me conduira à Florence.

— Et si vous ne pouvez pas joindre vos gens ?

— Je piloterai moi-même le car endommagé.

— Ah non ! Hans, ce serait un trop grand risque !

— Le car de remplacement sera là dans une demi-heure, enchaîna-t-il sans tenir compte de son objection.

Voulez-vous aller en informer nos passagers ? Vous reviendrez ensuite m'aider à transborder les bagages.

Ils s'activèrent sans échanger un mot, empilant les valises devant le café et, obsédée par le danger que Hans risquait de courir, Joanne réalisa l'importance qu'il avait acquise à ses yeux.

— Vous ne devez pas faire cela, vous qui avez le sens de vos responsabilités, Hans. Que deviendra votre compagnie si vous avez un accident ? Laissez l'autre chauffeur ici avec le car en panne et venez avec nous...

Il vrilla sur elle des yeux vifs comme des éclairs, et il lui étreignit le poignet.

— Ce n'est pas dans mes méthodes ! Jamais, quelles que soient les circonstances, je ne contraindrais quelqu'un à faire ce à quoi je ne me hasarderais pas. Allons, ne discutez plus, Joanne, allez prier vos clients de se préparer.

Il fila vers le véhicule. Mais pressentant qu'elle restait figée sur place, il revint sur ses pas.

— J'avais émis cette idée parce que je m'inquiète de ce qui peut vous arriver, avoua-t-elle.

— Dans ce cas, rappelez-vous que vous me ferez plaisir en ayant assez de considération pour ma compagnie pour exécuter mes ordres.

Cette fois, il s'éloigna sans se détourner.

Joanne pria intérieurement pour que l'autre car fût retardé d'une manière quelconque jusqu'à ce que l'équipe de dépannage habituelle se fût chargée de leur car. Ou encore que Hans décidât de voyager en convoi, les touristes dans leur véhicule, lui dans l'autre. Mais elle repéra rapidement le car aux couleurs vert et or familières qui approchait. Hans présenta à la jeune fille le chauffeur, Giuseppe.

— Que tout le monde prenne place à bord, à présent, ordonna Hans.

Elle le dévisagea, et il lui adressa un vague sourire.

— N'oubliez pas qu'ils sont en vacances !

Quand tout le monde fut installé dans le nouveau car, Hans y grimpa à son tour.

— Vous avez fait preuve de beaucoup de patience. Je suis persuadé qu'en compensation, Giuseppe vous fera accomplir un voyage plaisant. Vous avez tout le temps d'effectuer ce parcours, vous ne serez donc pas en retard pour le dîner... Je vous retrouverai à Florence, promit-il avec un sourire désarmant.

Consternée, Joanne le regarda faire de la route un geste d'adieu jusqu'à ce que, les yeux emplis de larmes, elle ne le distinguât plus. Machinalement, elle s'empara du micro. Si elle s'occupait l'esprit, elle tiendrait le coup jusqu'à l'arrivée de Hans à Florence, même si elle était en proie à l'anxiété.

— Chantons quelque chose pour nous remonter le moral, Joanne, cria quelqu'un dans le fond du car.

Elle entonna un air connu et bientôt, tous se joignirent à elle. La jeune fille remarqua avec satisfaction que personne ne semblait mécontent du contretemps. Et ses passagers s'amusant entre eux, elle était pour sa part libre de se tracasser pour Hans. Allait-il être obligé de piloter ce car en mauvais état ? Et si ce n'était pas le pneu, qu'est-ce qui n'allait pas ? Que se tramait-il ?

Ils parvinrent à destination sans autre incident et avec moins d'une heure de retard sur l'horaire. Joanne complimenta Giuseppe.

— Mais... c'est mon boulot, non ? s'étonna l'Italien. Je transporte les clients d'un point à l'autre, voilà tout.

— Oui, mais... vous n'étiez pas obligé d'effectuer ce remplacement au pied levé, n'est-ce pas ?

— Sans doute. Et ma femme sera furieuse ! rétorqua-t-il en souriant. C'était mon jour de repos. Mais quand on m'a demandé de venir, je me suis exécuté ! Vous travaillez avec nous depuis peu de temps, n'est-ce pas ?

— En effet.

— Autrement dit, vous ignorez que si l'on vous appelle au secours, il est dans nos principes d'accourir. Nous formons une grande famille, vous savez...

Elle sourit, contente de cette conversation inattendue.

— Votre dernier chauffeur m'a signalé que monsieur Lindt lui-même tenait à ce que tout marche bien, poursuivit Giuseppe. J'espère qu'il sera content.

— J'en suis convaincue, Giuseppe.

« Si le car n'explose pas », songea-t-elle, rembrunie et reprise par l'inquiétude.

CHAPITRE IV

Ce soir-là, durant le dîner, Joanne s'efforça de chasser Hans de son esprit. Ensuite, elle emmena ses touristes visiter Florence illuminée.

En retrouvant comme à l'accoutumée ses collègues dans un bar proche du *Ponte Vecchio*, elle ne souffrit que davantage de la morosité de l'existence en l'absence de Hans. Elle se surprit à diverses reprises guettant l'entrée comme si elle avait des chances de le faire arriver plus vite.

Elle s'en voulait de sa puérilité ; après tout, qu'était Hans pour elle ? Il lui avait seulement témoigné de la bonté après sa rupture avec James. Ou alors y avait-il eu plus que cela ? C'était possible, mais dans ce cas, il s'agissait simplement d'une complicité, suscitée en partie par leur travail en équipe.

A l'hôtel, il n'y avait nulle trace du car endommagé. Peut-être Hans avait-il pu confier le véhicule à l'équipe de dépannage de son agence et poursuivre le voyage en voiture ?

Après avoir souhaité une bonne nuit aux membres du groupe et à Giuseppe, Joanne se rendit à la réception de l'hôtel. Presque aussitôt, une jeune fille surgit, qui sourit en reconnaissant Joanne.

— Vous désirez quelque chose ?

— Simplement savoir quelle chambre occupe Hans, mon chauffeur. Je... j'ai un message à lui transmette.

— Mais... il n'est pas ici. Il n'arrivera certainement pas avant demain matin.

— A-t-il téléphoné ?

— Non, nous n'avons pas eu de ses nouvelles.

Joanne monta à contrecœur dans sa chambre. N'aurait-elle donc jamais une bonne nuit de sommeil ? Son corps épuisé en devenait douloureux. Elle avait fui l'Angleterre afin d'échapper à ses problèmes — et elle se retrouvait plongée dans une succession de mystères. En premier lieu, il y avait cet étranger qui, à Amalfi, l'avait pourchassée. Ensuite, plus elle réfléchissait aux raisons fournies par Hans pour justifier sa présence au volant des cars qui lui appartenaient, plus elle était persuadée qu'il ne lui avait pas révélé toute la vérité. Maintenant, avec cette histoire de car en panne, elle ne pouvait s'empêcher de penser qu'ils étaient mêlés à une sinistre affaire. Hans avait semblé manifestement plus que troublé en constatant les dégâts. Cela signifiait-il qu'il nourrissait des soupçons ?

A trois heures, toujours éveillée, Joanne décida de chasser les idées qui l'obsédaient. Elle ouvrit un livre, mais au bout de quelques lignes, elle s'aperçut qu'elle était incapable de se concentrer.

Elle jeta le livre qui atterrit sur les dalles, contre le long store vénitien. Agacée, la jeune fille se leva pour aller ramasser son bouquin et, brusquement, un instinct la poussa à ouvrir la porte-fenêtre et à sortir sur le balcon.

Dans le lointain, dominant la rumeur incessante de

la circulation automobile dans les rues, on percevait le bruit irrégulier d'un moteur.

Retenant son souffle, elle tendit l'oreille, entendit que l'on manœuvrait péniblement le changement de vitesse.

Joanne discerna bientôt des phares à l'angle de rues proches de l'hôtel.

Incapable alors de patienter davantage, elle attrapa au vol sa robe de chambre et la jeta sur ses épaules tout en dévalant l'escalier. Elle traversa l'hôtel endormi, passa devant la réception plongée dans la pénombre, alla tirer les lourds verrous de la porte d'entrée et courut dans le jardin. Au moment où la voiture se garait le long du trottoir, son moteur s'étouffa.

Joanne se sentit défaillir : L'avant de la voiture était défoncé, le pare-brise fracassé, et il ne subsistait plus qu'un seul phare. Hans était affalé sur le volant, immobile.

— Hans !

Elle s'était efforcée de murmurer son nom, mais c'était un cri affolé qui avait jailli de ses lèvres.

Le jeune homme tressaillit, se redressa et cilla.

— Seigneur ! s'exclama-t-il.

Soulagée de l'entendre parler, Joanne, au bord de la crise de nerfs, s'écria :

— Mon Dieu, merci, vous êtes en vie !

Elle le vit ébaucher un sourire railleur.

— Vraiment ? Merci de me l'annoncer ! persifla-t-il.

Elle s'était approchée et elle le prit par les épaules.

— Venez, entrons dans l'hôtel.

— D'accord, mais laissez-moi d'abord récupérer mon souffle... Grands dieux, quel cauchemar !

Elle se figea, étreignant le jeune homme, attendant... Finalement, il bougea, se tourna pour considérer Joanne.

— Oh !... J'ai cru que je n'y parviendrais jamais ! Il fallait que je vous voie... que je continue à avancer...

Il bredouilla, ses épaules s'affaissèrent, sa tête se posa sur le volant.

— Que s'est-il passé ? Avez-vous heurté quelque chose ?

— Non, dit-il avec effort en secouant la tête. C'est pis que cela, je vous raconterai plus tard.

Elle prit la situation en main, aida Hans à s'extirper de son véhicule et à traverser le jardin jusqu'à la porte qu'elle avait laissée entrebâillée. Dans le hall de l'hôtel, elle l'installa dans un fauteuil pendant qu'elle allait vérifier le numéro de sa chambre sur le registre de la réception et récupérer la clé. Péniblement, il marcha jusqu'à l'ascenseur.

— Oh ! Hans ! dit-elle en soupirant dès qu'ils furent dans la chambre.

Et d'instinct, sans réfléchir, elle l'étreignit. Ils demeurèrent longtemps ainsi, enlacés.

— Pourquoi verser des larmes sur un entêté qui prend... trop de risques simplement parce qu'il a la stupidité de vouloir résoudre lui-même... tous les problèmes !

Embarrassée, des larmes lui masquant la vue, Joanne s'écarta.

— C'est la fatigue, balbutia-t-elle. Mais je l'avoue, j'ai infiniment regretté que vous ayez tenu à faire preuve de tant de bravoure !

— De la bravoure ! Oh ! certainement pas ! Je n'ai jamais eu aussi peur de ma vie !

— Qu'est-il arrivé, Hans ? Racontez-moi...

— D'accord, mais... voudriez-vous d'abord me panser cette blessure ?

Sa main était couverte de sang séché, et les jointures étaient déchirées.

— Que s'est-il passé ? C'est à cause du pare-brise...

— En partie, car il a fallu que je dégage les débris de verre pour y voir. Mais j'ai surtout cogné une mâchoire assez solide !

— Ah ! je comprends à présent pourquoi vos guides doivent avoir des notions de secourisme !

Elle alla chercher sa trousse de premiers soins et tandis qu'elle nettoyait et pansait la main de Hans, celui-ci s'expliqua :

— Il a fallu une heure à l'équipe de dépannage pour arriver au car, mais il n'était donc pas très tard quand j'ai démarré à votre suite dans la voiture que j'avais louée. Au bout d'une cinquantaine de kilomètres, je me suis rendu compte qu'on me suivait. Dans le rétroviseur, j'ai reconnu une Range Rover ; un homme était au volant. Aie ! grimaça-t-il sous l'effet de l'antiseptique. Ma voiture n'était pas assez puissante pour me permettre d'accélérer et de le semer.

— Ensuite, Hans ? fit-elle, pressante.

— Il m'a harcelé au point de me contraindre à emprunter une bretelle de l'autoroute. Dès lors, il m'a bousculé, heurté, et il a choisi son coin pour me bouter brutalement contre un mur.

— Et votre main ?...

— Je n'allais tout de même pas l'autoriser à s'en sortir sans dommages ! Le temps qu'il manœuvre pour déguerpir, j'ai bondi hors de la voiture et je me suis jeté sur lui... Si sa figure est aussi douloureuse que ma main, je ne regrette rien, grimaça encore Hans.

— Vous l'avez abandonné sur place ?

— Auriez-vous préféré que je vous l'amène pour vous le présenter ? riposta-t-il, l'amusement prédominant sur la fatigue.

— Non, vous m'avez comprise... Etait-il incapable de reprendre le volant ?

— Il lui faudra un certain temps avant de pouvoir se remettre à conduire. Il a été surpris parce qu'il a cru que j'avais perdu conscience lors de la collision... Enfin, j'avoue ne pas être fait pour la violence... Après cette bagarre, je tremblais de la tête aux pieds.

— Et c'est dans cet état que vous avez conduit ! C'était de la folie pure !

— Cela valait mieux que de traîner dans les environs, non ? D'ailleurs, j'ai atteint mon but puisque me voici. Avec un retard énorme, c'est vrai, mais cette maudite voiture n'avançait pas.

— Avez-vous porté plainte auprès de la police ?

— Non. Voyons, Joanne, asseyez-vous et écoutez-moi, ordonna-t-il pour l'empêcher de protester. Je n'ai pas idée de l'identité de ce type et je ne peux que deviner la raison de cet attentat. Auparavant, quand il a examiné la roue, le mécanicien m'a déclaré qu'il ne parvenait pas à comprendre pourquoi les freins du car s'étaient bloqués de cette façon. En revanche, j'ai compris, moi, que quelqu'un les avait bricolés. Il s'était déjà produit des incidents de la sorte...

— Quoi, voulez-vous dire ?...

Durant quelques secondes, leurs regards se soudèrent l'un à l'autre. Joanne attendit, mais Hans se contenta de secouer la tête.

— Autant que vous n'en sachiez pas trop.

— Hans, ne courez-vous pas un danger ? Ne devriez-vous pas retourner dans vos bureaux ?

— Absolument pas ! répliqua-t-il calmement. Je

vais régler cette affaire et après seulement, je me replongerai dans les problèmes administratifs de ma société.

— A condition que vous viviez assez longemps pour cela.

— Oh ! n'en faites pas un drame ! Simplement... Affrontez les obstacles avec moi, murmura-t-il, cherchant à nouveau le regard de la jeune fille. Et j'entrerai en rapport avec la police dès que je disposerai de faits concrets et non plus seulement de soupçons vagues, à relater.

Le lendemain, pendant le petit déjeuner, Joanne s'inquiéta de la santé du jeune homme.

— Je vais bien, marmonna-t-il, laconique, avec un sourire contraint.

Elle allait le questionner plus avant quand une touriste survint, priant qu'on lui fît de la monnaie. Joanne manquant d'un millier de lires pour faire l'appoint, Hans sortit son portefeuille. Une enveloppe s'en échappa, et Joanne put lire au dos le nom de l'expéditeur : *Madame LINDT*.

A nouveau, elle se demanda si Hans était marié — mais cette Mme Lindt pouvait être la mère du jeune homme, ou sa belle-sœur. Chassant cette pensée — après tout, le problème ne la concernait pas —, elle se préoccupa de faire le change pour la touriste. A cet instant, la sonnerie du téléphone retentit, et un serveur vint prévenir Joanne qu'on la réclamait.

C'était le bureau de l'agence de Londres qui annonçait un changement dans l'horaire du vol de retour. Les touristes partiraient de Berne plutôt que de Bâle le samedi, et passeraient la dernière nuit au bord du lac de Thun. On pria Joanne d'user de diplomatie envers les clients afin de leur démontrer les avantages de ces modifications et d'apaiser d'éventuelles irritations.

Apprenant la nouvelle, Hans fronça les sourcils.

— Voulez-vous que je vous aide à faire votre annonce ?

Au moment d'accepter, Joanne changea d'avis. Il ne fallait pas que Hans la crût incapable de se tirer d'une démarche difficile.

— Non, merci, fit-elle, souriante. Vous pouvez intervenir si vous estimez que je suis maladroite, mais j'aimerais agir à ma façon.

Il approuva d'un signe, manifestement enchanté.

Assez mal à l'aise, Joanne alla se placer entre les tables occupées par ses touristes et réclama l'attention de tous. Elle exposa brièvement ce qui était prévu, avec un sourire qu'elle espéra convaincant.

— Nous allons donc emprunter une autre route de montagne, et vous allez découvrir un paysage différent. Quand à l'hôtel où nous coucherons ce soir, il est, m'a-t-on affirmé, fabuleux !

— A quelle heure, l'atterrissage à Londres ? s'enquit un touriste avec mauvaise humeur.

Par chance, Joanne put lui promettre que rien ne serait modifié quant à l'horaire d'arrivée. Il sembla aussitôt rassuré, et expliqua :

— Dans ce cas, tout est parfait. Vous comprenez, notre fils doit venir nous chercher à l'aéroport.

Plusieurs personnes discutèrent, se concertant à mi-voix, et l'une d'entre elles finalement demanda :

— Cela n'impliquera aucun supplément, n'est-ce pas ?

— Pas un sou, d'autant que nous avons déjà tout dilapidé, n'est-ce pas ? riposta-t-elle, déclenchant les rires.

En revenant vers Hans, elle comprit qu'elle avait gagné la coopération de chacun, et la mine aimable de Hans le lui confirma.

— Vous n'aviez effectivement nul besoin de mon assistance, admit-il en guise de compliment. C'est dommage que je ne sois pas arrivé assez tôt hier soir, car j'avais l'intention de vous inviter à dîner, poursuivit-il. Nous pourrions peut-être nous arranger pour déjeuner tête à tête à Milan ?

— J'ai des courses à faire, prétendit Joanne, résolue à ne pas encourager un flirt avec Hans. Si vous ne pouvez rien me dire maintenant, cela peut attendre, vous savez.

— Nous n'en aurons plus l'occasion...

— Si, il reste ce soir.

— Pas pour moi. Après vous avoir tous débarqués à l'hôtel, avec vos bagages, je filerai. Vous ne vous en êtes pas rendu compte, mais je suis pratiquement à deux pas de chez moi. Ce soir, je m'offrirai le luxe de dormir dans mon lit personnel.

En dépit des changements intervenus dans le programme, la journée se déroula sans histoire. Tous les participants parurent satisfaits, et Joanne eut le soulagement de s'apercevoir que l'hôtel était vraiment magnifique. Malgré cela, elle éprouva une sensation pénible de vide et de solitude, d'autant que Hans partit sitôt les derniers colis déposés dans le hall de l'hôtel.

La jeune fille fut également agacée parce qu'il avait disparu sans s'assurer de l'heure prévue pour le départ du lendemain. Sur la route de Florence à Milan, ils avaient envisagé de fixer le départ à huit heures, tout en se promettant de s'assurer qu'il ne serait pas nécessaire d'avancer l'horaire. Il ne restait plus à Joanne qu'à espérer qu'on n'aurait pas besoin de Hans avant son retour.

Lorsqu'elle eut, aidée du portier de l'hôtel, réparti les chambres, Joanne constata qu'elle était exténuée. Plus tard, dans la salle à manger, elle se contraignit à manger sans hâte, à se détendre et à chasser Hans de son esprit.

Après le dessert, elle se retrouva cernée par ses clients. L'un d'eux la saisit par le bras.

— Venez, chère Joanne, c'est la dernière fois que nous avons l'occasion de vous choyer. Vous avez si bien veillé sur nous qu'on vous doit un verre. Que désirez-vous boire ?

Surprise, elle accepta, se forçant à dissimuler sa mélancolie derrière un sourire.

Tout en beurrant ses tartines, Joanne se surprit à surveiller la porte, formant le vœu de voir apparaître Hans. Comme si cela pouvait prouver en quelque sorte que rien ne le retenait ailleurs. Une réflexion au hasard lui avait laissé supposer que le jeune homme était marié et depuis, elle s'était efforcée de se répéter que peu lui importait — bien en vain.

Le petit déjeuner achevé, le jeune homme ne s'était toujours pas montré. Par chance, un coup de fil du bureau avait donné l'autorisation de départ du car pour huit heures. Seulement, il était déjà sept heures quarante-cinq, et l'on ne pourrait charger le car qu'en utilisant la clé que possédait Hans.

Huit heures sonnèrent. Il fallait gagner du temps. Joanne réunit les touristes dans le hall. Un quart d'heure plus tard, elle chercha quelqu'un qui l'aiderait à transporter les colis jusqu'au car.

Revenant vers son groupe, elle expliqua que Hans qui avait été inopinément retardé ne tarderait plus à arriver — tout en se demandant pourquoi elle cherchait à l'excuser.

Elle était dehors, tapant du pied avec impatience quand une berline gris métallisé surgit à vivre allure et freina devant l'hôtel. Hans bondit à l'extérieur, lança un rapide salut en allemand par-dessus son épaule à l'inconnue blonde qui était au volant.

— Il était temps ! persifla la jeune fille en s'avançant à sa rencontre.

Mais aussitôt, elle nota son air hagard et ses yeux cernés. Oubliant totalement que Hans était son patron et qu'elle n'avait aucun droit de lui exprimer sa réprobation, Joanne avait seulement donné libre cours à son indignation.

— Le temps, je le rattraperai, répliqua-t-il en se dirigeant à grands pas vers l'hôtel sans un regard pour Joanne.

— En risquant la vie des passagers ? fulmina-t-elle, tout en courant pour se maintenir à sa hauteur... Il est huit heures vingt-cinq, fit-elle remarquer en consultant la montre que Hans lui avait offerte.

— Autrement dit, quand ce n'est pas votre retard qu'il faut compenser, cela n'a pas la même valeur ! maugréa-t-il.

Pourtant ébahie, Joanne ne céda pas de terrain.

— Je vous prenais pour un homme qui s'en tient toujours au règlement, ne considérant que l'intérêt de sa précieuse agence !

Ayant déverrouillé le car, Hans pivota sur ses talons.

— Aussi bizarre que cela paraisse, je ne prends des allures d'être humain que lorsqu'il s'agit de ma famille !

Malgré cela, les bagages entassés, les clients installés,

Hans tint parole, conduisant rapidement, mais d'une main sûre jusqu'à l'aéroport de Berne.

Joanne continuait à lui en vouloir. Elle était soulagée que Hans ne fût pas du prochain voyage. Un autre chauffeur, en effet, piloterait le nouveau groupe qu'elle s'apprêtait à accueillir l'après-midi même.

*
* *

Joanne devait rejoindre ce groupe à Bâle, et disposait donc de peu de temps après avoir embarqué ses touristes à Berne. Enfin libre, elle aperçut Hans dans une cabine téléphonique.

— Excusez-moi, dit un homme en lui effleurant le bras. Vous êtes bien mademoiselle Kirkham, n'est-ce pas ?

— En effet.

— Je suis Renato, votre nouveau chauffeur. Voulez-vous m'accompagner ? Hans m'a déjà confié vos bagages.

Elle aurait dû être soulagée de ne pas être obligée de revoir Hans, mais elle regrettait de ne pas avoir l'occasion d'effacer, par des adieux, le souvenir de leur dernière querelle. Mais à quoi bon être nostalgique ! Elle allait partir avec un nouveau groupe, un autre chauffeur — quoi de mieux pour oublier Hans ?

Renato était plutôt bavard et ne parlait qu'en italien, ce qui rendit la tâche plus ardue pour Joanne.

La conversation l'occupa jusqu'à Bâle où elle retrouva un groupe de touristes qui avaient déjà lié connaissance durant les formalités douanières. Excellent présage — ce dont précisément la jeune fille avait besoin.

Cette fois, les clients étaient en moyenne plus jeunes que les précédents, ce qui promettait aussi un voyage plus animé. Joanne n'avait plus qu'à effacer de sa mémoire les incidents des quinze derniers jours. Elle allait prendre un nouveau départ et elle n'avait qu'à s'en réjouir.

*
* *

Quand elle arriva à Rome, néanmoins, Joanne se sentit déprimée malgré la gaieté de son groupe. Les lieux, bien sûr, lui rappelaient sa rupture avec James, mais, en fait, elle se refusait à envisager la véritable cause de sa mélancolie.

Ce premier soir, près de la fontaine de Trevi, elle frémit en apercevant une silhouette familière. Elle était affairée à ne perdre aucun de ses touristes quand elle sentit qu'on l'observait. N'ayant remarqué personne en particulier à droite ou à gauche, son regard fut attiré du côté des multiples boutiques de souvenirs. Alors, elle vit, à demi caché par un flot d'écharpes multicolores, l'étranger brun qui l'avait déjà suivie à Amalfi.

Son regard croisa celui de l'inconnu, et Joanne crut voir l'homme sourire. Puis après un dernier coup d'œil aux foulards de soie, de coton et de voile, il disparut.

Quoique effrayée, Joanne n'eut pas le temps de s'interroger sur cette apparition : il était temps de regagner l'hôtel.

Le car avec ses passagers reprit la route en direction des faubourgs. Un autre car, vide, le suivit bientôt de près, sans chercher à le dépasser. Il était étrange que le chauffeur s'obstinât à rouler derrière eux. Soudain, volontairement ou accidentellement, le véhicule vide heurta l'arrière du car de touristes. Renato jura. Heureusement l'hôtel était en vue !

Avant que Joanne ait eu le temps de conseiller à Renato de renoncer à toute dispute, celui-ci, une fois arrêté, se faufila au-dehors par la portière de derrière sans qu'elle pût le retenir. Elle fut obligée ensuite d'aider les passagers à descendre, et quand enfin les derniers d'entre eux furent entrés vers l'hôtel, elle chercha son chauffeur. Il était au milieu de la rue, près de l'autre car qui s'était arrêté. Des voix furieuses s'interpellaient. Puis, le car démarra brusquement, et Renato recula, sans cesser de gesticuler.

— Attention, Renato!...

Au même moment, une voiture avait obliqué, quittant le bord du trottoir, en direction de Renato !

Sous le choc, Renato pivota à demi, et perdit l'équilibre. Le chauffard accéléra et disparut. Tout en se précipitant pour aller s'agenouiller auprès de Renato, Joanne aperçut quelques piétons qui s'efforçaient en vain de stopper le conducteur.

Visiblement en proie à de terribles douleurs, Renato étreignait son pied tout en jurant en italien. Joanne héla un taxi et aida son compagnon à s'y installer. Le taxi les conduisit à l'hôpital le plus proche.

*
* *

Il était plus de minuit lorsque Joanne descendit péniblement les marches du perron de l'hôpital. Après des heures d'attente, on avait enfin radiographié le pied de Renato et décelé plusieurs fractures, ce qui exigerait son hospitalisation durant quelque temps.

Joanne regarda autour d'elle, espérant repérer un

taxi en maraude, et regrettant ensuite de ne pas en avoir fait appeler un de l'hôpital.

Une voiture privée s'avança sur l'allée et s'arrêta près d'elle. Baissant la vitre de sa portière, le conducteur s'enquit en souriant :

— J'ai vu ce qui est arrivé devant votre hôtel. Puis-je vous déposer ?

Médusée, Joanne reconnut son poursuivant d'Amalfi.

— Allons, je vous en prie, insista l'homme avec un sourire encourageant. Je n'ai aucune mauvaise intention ! Comme vous pouvez le deviner, je suis anglais, de Londres, et je m'appelle Neville Cushman.

Elle hésita. Aucun taxi ne rôdait alentour et mieux valait grimper dans le véhicule de ce Cushman que d'errer, solitaire, dans des rues désertes. Seulement, elle avait intérêt à en apprendre d'abord plus long sur cet homme.

— Vous avez ma parole, je vous conduirai directement à votre hôtel ! affirma-t-il.

— Mais... je vous retrouve partout où je vais. Et vous me pourchassiez à Amalfi. Pour quelle raison ?

Il éclata de rire comme pour la mettre à l'aise.

— Vous ne vous regardez jamais dans une glace ? Ce serait pourtant réconfortant !

Joanne sourit malgré ses craintes. Il avait ouvert la portière, le siège semblait confortable à l'intérieur de la voiture — et la jeune fille était épuisée.

— Je reconnais que ces présentations ne sont pas protocolaires, mais vous ne m'avez pas fourni l'occasion de me faire connaître, plaisanta Cushman.

C'était probablement vrai. Joanne capitula et s'installa à la place du passager.

En chemin, Neville Cushman s'enquit de Renato,

émit quelques remarques de sympathie quand elle lui annonça le diagnostic médical. Parvenue à l'hôtel, elle ouvrit sa portière.

— Je vous remercie, monsieur...

— Neville, conclut-il avec gentillesse.

Elle renouvela ses remerciements, mit pied à terre et observa, perplexe, la voiture qui s'éloignait. Enfin, se dit-elle, elle était arrivée à bon port. Saine et sauve. Ses craintes s'étaient révélées injustifiées. Elle avait vraisemblablement été dès le début injuste à l'égard de ce Neville — tout cela parce qu'il avait simplement envie de faire sa connaissance !

CHAPITRE V

Au téléphone, le lendemain, le siège social de la compagnie promit à Joanne de lui expédier rapidement un chauffeur de remplacement. Par chance, la journée était consacrée à une visite de la ville avec un guide local, sans recours au car.

Dans la matinée, tandis que les touristes exploraient Rome, Joanne retourna à l'hôpital. Renato avait bon moral, encore qu'il fulminât contre le manque de chance dont il avait été victime. On ne tarderait pas à le laisser sortir de l'hôpital, mais avec son pied plâtré, il ne pourrait pas conduire avant plusieurs semaines.

Au dîner, Joanne, fatiguée et déprimée, se contenta de grignoter ce qu'on lui servait.

Une ombre se projeta sur son assiette, elle leva le nez.

— Hans ! s'exclama-t-elle.

Il prit place en face d'elle, l'air taciturne.

— Je ne m'attendais vraiment pas à...

— A me revoir ? acheva-t-il. Vous le constatez, on ne sait jamais ce qui peut arriver !... Oh ! je présume que ma présence ne vous enchante pas plus qu'elle ne me ravit ! Rappelez-vous seulement ce que je vous ai déjà dit : faisons bonne figure devant les clients, il ne faut pas qu'ils devinent l'antipathie que nous éprouvons l'un pour l'autre !

Voilà qui était terrible à entendre. Joanne avait prévu que leurs retrouvailles seraient quelque peu difficiles, mais pas à ce point ! Hans semblait incapable de faire seulement preuve de courtoisie.

— Autant que vous appreniez le pire : Renato ne pourra pas terminer la saison avec nous, déclara-t-il. Si nous ne trouvons pas un nouveau chauffeur à embaucher — et il serait trop optimiste d'y songer si tard dans l'année — vous allez être contrainte de me supporter jusqu'à l'automne. Mais je m'engage à me maintenir hors de votre chemin quand nous ne serons pas de service.

Le moral de Joanne s'assombrit encore. Bien qu'elle regrettât de l'admettre, elle avait été agréablement surprise de voir reparaître Hans. Cependant, maintenant qu'il avait donné le ton quant à leurs relations, comment serait-elle en mesure de supporter le reste de la saison auprès de lui ?

Jour après jour, la tournée avança, péniblement. Si les clients en effet faisaient preuve de gaieté et d'insouciance, Hans s'obstinait à rester maussade. Ses lunettes noires ne parvenaient pas à dissimuler entièrement la mélancolie.

Comme précédemment, il les quitta à Sorrente — et une fois de plus, Joanne le regretta. Cela se justifiait d'autant moins que leurs relations s'étaient incontestablement détériorées. A son retour, Hans était tout aussi sombre. Joanne eut envie de lui demander ce qui n'allait pas, d'essayer de gagner sa confiance — mais elle garda le silence. Elle redoutait d'apprendre que c'était sa seule présence qui ennuyait le jeune homme.

L'itinéraire prévoyait une étape près de Thun, et Joanne pensait que Hans irait passer la nuit chez lui.

Ils arrivèrent bientôt à destination, et Hans parut... différent. A croire qu'il était parvenu à quelque conclusion. Tout en transportant la dernière valise à l'intérieur de l'hôtel, il eut pour Joanne un clin d'œil amical.

— Voilà... à présent, je vais rentrer chez moi...

Mais il resta là, attendant apparemment quelque chose, peut-être la recommandation d'être à l'heure que Joanne ne manquerait pas de lui faire ? Mais elle se refusait à tout commentaire qui eût été une allusion sur sa vie privée.

La voyant pincer les lèvres, il sourit pour la première fois depuis qu'ils s'étaient rejoints à Rome.

— Je sais, murmura-t-il en l'entraînant dans un coin tranquille. « Surtout ne pas être en retard ! »

Il était délibérément provocant, mais elle parvint à se maîtriser. Il eut l'air songeur.

— Evidemment, vous pourriez vous assurer que je serai ponctuel...

— De quelle manière ?

— Je n'ai pas besoin de partir avant le dîner, et vous aurez alors terminé votre service. Le propriétaire de l'hôtel est un de mes amis, je le prierai de veiller sur nos clients en votre absence.

— En mon absence ! Mais je n'ai pas l'intention de quitter mon poste ! se récria-t-elle, médusée.

— Même si je décide que vous m'êtes indispensable ?...

— Hans, voyons, ce n'est pas sérieux... balbutia-t-elle. Que dirait ?...

Elle s'interrompit au moment où elle allait s'inquiéter de la réaction de la dame blonde inconnue en la voyant débarquer chez elle. Mais Hans avait sûrement deviné ce qu'elle s'était apprêtée à dire.

— De toute façon, je pourrais dîner ici, pour vous laisser le loisir de réfléchir à la question...

Il s'éloignait vers le téléphone lorsque la jeune fille le saisit par le bras. Bien sûr, elle était ébahie, mais elle avait l'intuition que beaucoup de choses dépendaient de sa réponse à cette invitation.

— Vous êtes sincère ? Vous parlez sérieusement ?

— Ecoutez, j'ai loué une voiture, la randonnée est courte mais agréable...

Le ton était désinvolte, mais Joanne pressentit que Hans avait préparé sa phrase.

— Mais pourquoi diable ?...

Il soupira, détourna les yeux et fixa à nouveau sa compagne.

— J'aimerais que vous veniez avec moi, je vous en prie, Joanne.

— Alors, prenez vos dispositions ici, murmura-t-elle. Et partons immédiatement, avant que je ne juge préférable de refuser !

La voiture de location attendait dehors. Sitôt que Joanne parut, un sac de voyage à la main, Hans lui ouvrit la portière et se glissa au volant. Pendant un kilomètre, ils n'échangèrent pas un mot, puis Joanne se lança :

— Votre femme n'estimera-t-elle pas que ?...

— Ma femme ?

— Ne prétendez pas que...

— Chère petite demoiselle, vous vous égarez ! Qui diable serait capable de tolérer un époux de ma sorte ? Non, Joanne, la seule madame Lindt existante est ma mère, la personne que nous allons voir.

— Mais,cette femme qui...

— ... qui m'avait accompagné le jour où je suis arrivé tard à l'hôtel ? Effectivement, c'est aussi une madame Lindt, c'est la veuve de mon frère. Klaus a péri dans une avalanche.

— Oh ! je suis navrée...

— Vous me connaissez mal, jeune fille, sinon vous ne m'imagineriez pas marié. Je suis affreusement démodé. Je ne saurais pas quitter ma femme pour aller danser avec une autre, fût-ce même la plus séduisante des guides !

— Excusez-moi ! bégaya-t-elle en déglutissant péniblement.

A la lueur du tableau de bord, elle le vit sourire. Le jeune homme s'éclaircit la gorge avant de reprendre :

— C'est à moi de me faire pardonner mon retard de l'autre jour. Vous avez accompli tout le travail toute seule. Un jour, je vous expliquerai et vous comprendrez...

— Peu importe, balbutia-t-elle avec le sentiment que le ciel s'éclaircissait.

Elle était transportée de joie : Hans n'était pas marié, et elle avait le sentiment qu'entre eux, ce soir, s'établissaient des relations nouvelles.

Ils étaient parvenus au sommet d'un col montagneux. Le clair de lune se reflétait en bas dans le lac.

— J'ai envie de vous parler depuis que j'ai fait votre connaissance, avoua Hans, coupant le moteur. Au début, je me suis dit que je ne devais pas accroître la tristesse d'un regard où déjà je lisais de la mélancolie.

Il hésita, et Joanne se hasarda à poser sa main sur celle de Hans qui, aussitôt, l'étreignit.

— Lors de cette terrible journée où vous m'avez reproché de ne m'intéresser qu'à mes affaires personnelles, je me suis dit... enfin j'ai songé à la façon dont nous

nous étions séparés, à l'idée que jamais je n'aurais l'occasion de remettre les choses au point avec vous. Or s'il est impossible de vous accorder mon entière attention, j'ai découvert aussi que je ne pourrais exister sans votre... compréhension. Voilà ce que je voulais vous dire...

— Hans !

— Cela vous surprend, n'est-ce pas ? Et moi donc ! Un homme dans ma situation s'efforce de conserver son indépendance. Ce n'était pas trop difficile tant que je rencontrais des jeunes femmes que ma fortune impressionnait. Mais vous êtes apparue et vous m'avez démontré que je n'étais rien de plus que...

— Que qui ?

— Quelqu'un qui n'était plus capable de se suffire à lui-même. Qui n'était plus en mesure de se nourrir ou de dormir parce qu'il s'inquiétait de...

— Dites-moi tout, Hans.

— Je voulais d'abord vous faire comprendre que ce n'était pas seulement mes angoisses que je désirais vous faire partager, confessa-t-il, mais... avec le temps, j'y arriverai peut-être. Maintenant, si vous apprenez plus rapidement ce qui me ronge, vous réaliserez à quel point j'ai besoin d'une... d'une amie, à laquelle confier mes tourments...

Son regard se perdit longuement dans le lointain.

— Eh bien, Hans ? fit-elle encourageante.

— Ils sont partis l'un après l'autre. Mon père, puis mon frère Klaus, et je suis resté seul. C'est trop pour moi, j'ai trop de besogne et de responsabilités. Et à la maison, ma mère se meurt lentement. Il n'y a aucun moyen de la guérir, pas même la possibilité de lui faciliter l'existence.

— Oh ! je suis absolument désolée, Hans !... balbutia la jeune fille, confuse de n'avoir pas d'autres mots de consolation.

— Merci, dit-il en lui serrant la main. Après la guerre, il y a des années, ma mère étant souffrante, on a jugé qu'il fallait l'opérer pour lui enlever un rein. On m'a assuré qu'elle pourrait continuer à mener une vie normale. Cela s'est en effet produit durant quelque temps, nous avons vécu dans l'espérance, appris à oublier, jusqu'à ce que... Voilà, enchaîna Hans après avoir péniblement dégluti, il y a deux ou trois ans, nous sommes partis à la montagne. Ma mère se remettait doucement de la mort de mon père. Elena et Klaus avaient annoncé la prochaine naissance d'un enfant, nous avions confiance en l'avenir... En dévalant une pente, j'ai vu s'approcher l'avalanche sans pouvoir intervenir d'une manière quelconque...

— Mon Dieu !

— Notre chalet a été enseveli. Klaus est mort en protégeant Elena de son corps contre la neige. Ils venaient d'arriver en voiture devant le chalet, précisément. Ma mère était sur les marches, la porte ouverte pour les accueillir.

— Elle n'a pas été tuée ?

— Non, mais pour elle, c'était une condamnation à une mort lente et cruelle. Elle a été projetée à plusieurs mètres en contrebas, et est tombée sur un bout de roche. Le rein qui lui restait a été percé.

— Mon Dieu !... Et c'est désespéré ? De nos jours, la médecine, la chirurgie réussissent des miracles !

— Une greffe de rein, voulez-vous dire ? Ils ont essayé à deux reprises. Récemment, le deuxième rejet s'est produit...

— Lorsque vous étiez chez vous, c'est bien cela ?

— Effectivement.

— Je ne m'étonne plus que vous soyez si malheureux loin de chez vous.

Mais elle réalisa brusquement qu'étant donné les circonstances, ce n'était pas simplement à cause d'un employé absent que Hans accomplissait ce circuit européen. Elle se rappela la panne survenue au car, les allusions à d'autres accidents ou incidents, et elle comprit que le jeune homme avait également des inquiétudes à propos de sa société.

— Me comprenez-vous maintenant ? Ce n'était pas bêtement de la mauvaise humeur de ma part, et surtout pas de l'antipathie à votre égard, ou un agacement dont vous étiez responsable.

— Du moins pas tout le temps !

Elle distingua dans l'ombre ses lèvres qui se détendaient.

— Ce que j'apprécie en vous, Joanne, c'est votre sens de l'équité. Vous êtes loyale. Promettez-moi que vous me donnerez toujours une chance.

— Une chance ?

Il ébaucha un sourire triste.

— Disons que... si j'aperçois une éclaircie dans mes difficultés...

Il n'acheva pas sa phrase, mais Joanne ne pouvait en demeurer là.

— Et bien, Hans ?

Il porta la main de la jeune fille à ses lèvres.

— J'aimerais vous revoir aussi souvent que possible.

Elle lâcha une exclamation qui le fit rire.

— Après tout, certains jours, vous ne sembliez pas vous déplaire en ma compagnie... Tenez, ce fameux soir à Rome, par exemple ?

— Oui... je me souviens que vous m'avez beaucoup

manqué, et que j'avais le remords incessant de vous avoir adressé des reproches injustifiés...

Il l'attira contre lui et en l'embrassant, l'empêcha de continuer.

— Voilà, vous en savez davantage sur mon compte, murmura-t-il.

— Quelles étaient les dernières nouvelles concernant votre mère ? s'inquiéta-t-elle tandis qu'il redémarrait.

— Comme d'habitude, sa vie tient à un fil. On l'a évidemment mise sous dialyse quand le deuxième rein a flanché, et on a prévu une autre transplantation. Le chalet est devenu une véritable antenne médicale, ce qui évite à ma mère les hospitalisations régulières. Mais la chance d'une nouvelle transplantation est infime, en raison de son état de faiblesse.

— Qui veille sur elle au chalet ?

— Mathilde, une sorte de femme de charge qui est avec nous depuis des années et qui nous gâte abominablement ! Elle s'occupe de la maison, d'Elena et de Kurt.

— Kurt... votre neveu ?

— Oui. Un beau petit garçon dont Klaus aurait été fier.

— Comme Elena doit l'être.

— Pffft ! Oui, Elena... c'est un autre genre. Elle est imprévisible, énigmatique. Elle n'est surtout pas conformiste. A moins que je n'aie contre elle un préjugé parce que nous étions, Klaus et moi, très proches l'un de l'autre, très unis. Et nous sommes tout aussi complices Kurt et moi. Il devine toujours ma présence dans la maison, vous le constaterez demain matin.

Ils terminèrent le trajet en silence. Hans vira dans

une allée au bout de laquelle s'ouvrait un chalet spacieux, freina et se tourna vers sa compagne en souriant.

— Merci d'être venue, chuchota-t-il.

Mathilde se présenta à la porte, s'affaira autour des deux jeunes gens avant de les précéder dans la maison. Là, Hans désigna une porte sur la gauche.

Il introduisit Joanne dans une pièce exquise, dans la tradition typiquement suisse. Un feu crépitait dans la cheminée — Joanne se demandait s'il était bien nécessaire à cette époque de l'année lorsqu'elle remarqua qu'une personne occupait un fauteuil confortable devant la cheminée.

La robe lilas se mariait harmonieusement avec la chevelure argentée de l'inconnue, mais n'améliorait en rien son teint gris. Joanne nota que la dame avait un regard bleu qui s'anima quand elle reconnut Hans. Par un geste à la fois précipité et impulsif, le jeune homme saisit la main fragile qui lui était tendue. Joanne, en les regardant, sentit sa gorge se nouer d'émotion.

Elle s'attardait près de la porte, observant la mère et le fils dans leurs retrouvailles, quand Hans lui offrit son autre main.

— Approchez, Joanne...

Timidement, la jeune fille s'avança. Il présenta les deux femmes, indiqua deux fauteuils.

— Faites comme chez vous, Joanne. Vous êtes ici la bienvenue, maman vous le confirmera...

— Bien entendu, je vous en prie... dit Mme Lindt dans un anglais teinté d'un accent allemand prononcé.

Mais apprenant que Joanne comprenait l'allemand, elle enchaîna dans sa langue natale :

— Que de talents vous avez ! De mon temps, on se contentait d'enseigner aux jeunes filles la manière de tenir une maison. Je vous admire, vous autres les jeunes femmes modernes !

— Joanne a plus de dons pour les langues que je n'en ai ! approuva Hans. Et elle possède une très grande faculté d'adaptation. Je te l'ai expliqué, maman, ce nouvel emploi ne lui a pratiquement posé aucun problème.

— Hans est trop bon, protesta la jeune fille regardant tour à tour la mère et le fils. Il tolère chez moi nombre de défauts !

— Lui ? Jamais de la vie ! s'écria la mère en riant. Il m'a vanté vos qualités et vos talents, et la générosité dont vous faites preuve.

Joanne considéra Hans avec ahurissement, mais Mme Lindt continua à parler, attestant qu'en dépit de son état de santé, elle conservait une intelligence vive. Jusqu'à l'heure où Mathilde vint annoncer le dîner, la conversation ne faiblit pas.

— Oh ! quelle honte, Joanne, on ne vous a pas montré votre chambre s'écria Hans.

— Je n'y ai pas songé un instant ! rétorqua-t-elle en souriant. Dites-moi seulement où je pourrai me rafraîchir, je ne serai pas longue... Hans, vous avez une maison adorable et surtout une mère merveilleuse, reprit-elle en traversant le hall.

A l'heure du repas, une place resta inoccupée à table, et Mme Lindt parut soucieuse, cependant personne n'émit de réflexion.

Après le potage, Mathilde servit un rôti de veau en sauce, avec des herbes aromatiques. Brusquement, la porte s'ouvrit, livrant passage à la jeune femme blonde que Joanne avait déjà aperçue dans la berline.

— Tiens, c'est toi ! s'écria la nouvelle venue à

l'adresse de Hans, puis s'immobilisa sur le seuil pour fixer Hans, à la vue de Joanne.

Le jeune homme se leva, fit les présentations, attendit que sa belle-sœur fût assise — tout cela sans ébaucher un sourire.

— Vous ne m'avez donc pas gardé de potage ? remarqua sèchement Elena à l'adresse de Mathilde qui offrait le plat de légumes à Hans.

— Vous allez l'avoir tout de suite, Madame, riposta sèchement la femme de charge qui se raidit.

Madame Lindt et son fils s'étaient assombris. Elena seule demeurait imperturbable. Joanne esquissa un sourire pour amorcer la conversation :

— Hans m'a dit que vous avez un fils délicieux...

— Kurt, oui, répliqua Elena, laconique.

— Comment va-t-il ? s'enquit Hans, rompant vivement le silence.

— Il est turbulent, comme d'habitude.

— Sait-il que je couche ici ce soir ?

— Bien entendu.

— J'ai remarqué, quand vous avez raccompagné Hans à l'hôtel, votre habileté au volant, dit Joanne, encourageante.

— Ah bon ? Je ne vous ai pas vue.

— Elena... intervint Mme Lindt, sur un ton de reproche.

— Quoi donc ? rétorqua l'autre avec air de défi.

— Euh... rien, ma chère enfant, rien !

Joanne était déçue. Un peu plus tôt, elle s'était fait une joie d'être en compagnie de Hans et de sa mère, mais d'un seul coup, tout était changé.

A la fin du repas, Mme Lindt se dressa avec lenteur.

— Je suis, hélas ! obligée d'aller me coucher, bien qu'il soit ridiculement tôt, expliqua-t-elle. Mathilde viendra m'aider. Je suis très heureuse d'avoir fait votre connaissance. Si je dois me reposer, cela ne signifie pas que je sois contrainte à une vie végétative. Je serais enchantée de bavarder avec vous souvent et de mieux vous connaître.

Hans conduisit la jeune fille à sa chambre et s'appuya au chambranle de la porte pendant qu'elle défaisait les quelques effets qu'elle avait apportés de l'hôtel.

— Comme c'est agréable de vous avoir ici, Joanne ! A plusieurs reprises, je me suis imaginé...

— Quoi donc, Hans ?

— Eh bien..., balbutia-t-il embarrassé.

— Alors, tu l'as installée dans la chambre or ? persifla Elena qui passait.

— C'est maman qui en a décidé ainsi, en effet. Quel mal y a-t-il à cela ?

— Eh bien, c'est plutôt significatif, non ? ironisa la jeune femme, cependant que, en soupirant, Hans tournait les talons. Dans dix minutes, Joanne, je reviendrai vous voir.

Effectivement, elle réapparut et promena autour d'elle un regard aimable.

— Ah ! quels heureux souvenirs ! C'était ma chambre avant mon mariage. Je venais souvent au chalet. Il s'écoulait rarement un week-end sans que je... C'était drôle, enchaîna-t-elle, carressant du bout des doigts les dessins de la pendule sculptée, tout le monde savait que je m'unirais à cette famille. Mais je les ai laissés dans l'anxiété jusqu'aux fiançailles. Seules trois personnes savaient qui serait l'élu, de Klaus ou de Hans.

Si elle s'attendait à un commentaire, elle fut désappointée, car Joanne demeura muette sous l'effet de la surprise. Comment Hans avait-il pu s'éprendre de cette femme dure et sèche ? se demandait-elle, perplexe.

— Oui, poursuivit Elena, car pour moi, aucun homme ne valait l'un des frères Lindt.

— J'ai été navrée quand Hans m'a annoncé la disparition de votre mari.

Tournant le dos, Elena ne pouvait révéler ses sentiments que par les intonations de sa voix — et Joanne n'y décela nulle trace d'émotion.

— C'est le destin. Je suis désormais considérée comme appartenant à la famille et je suis ici chez moi. D'ici peu, Kurt aura besoin d'un père, et la situation se transformera. Vous constaterez à quoi je fais allusion, quand vous verrez Hans et mon fils ensemble demain. Il existe déjà entre eux une affection très profonde... Ce ne sera qu'une simple formalité entre Hans et moi, précisa-t-elle en souriant.

Joanne en fut bouleversée, le choc était d'autant plus brutal qu'elle avait vécu tout la soirée dans l'allégresse.

Quand, un peu plus tard, Hans vint la chercher pour la conduire auprès de sa mère, il remarqua immédiatement qu'elle avait quelque chose de changé. Et quand il lui enveloppa les épaules de son bras, dans un geste familier, elle devina que son geste lui était dicté par le fait qu'il savait à quel point Elena pouvait être cruelle.

Seule Mme Lindt put, en décrivant gaiement l'enfance de Hans, détourner Joanne de la pensée obsédante du futur mariage de Hans avec Elena. Néanmoins, la jeune fille eut par instants du mal à prêter une oreille attentive à la vieille dame.

Comment Elena pouvait-elle être certaine que Hans était réellement épris d'elle ? Quelques heures plus tôt encore, Hans avait affirmé à Joanne qu'elle était la seule auprès de qui il avait envie de venir chercher de la compréhension. Et n'avait-il pas par son attitude et ses mots prouvé qu'il souhaitait développer leurs liens affectifs ?

Joanne observa le jeune homme, assis près du lit, étreignant la main de sa mère. Comment un homme aussi sensible pourrait-il être heureux avec une femme aussi calculatrice et intéressée qu'Elena ? Celle-ci pourtant avait expressément déclaré que Hans comme son frère l'avait courtisée. C'était ahurissant, insensé !

Madame Lindt respira profondément en ébauchant un sourire las, et ferma les yeux.

— Excusez-moi... j'ai subi une dialyse hier et ce soir, il faut que je me repose.

— Bonne nuit, madame, dit Joanne en se levant aussitôt. Je vais vous laisser avec Hans...

— Attendez-moi, Joanne, intervint le jeune homme en lui entourant la taille de son bras. Si je vous ai amenée ici, c'est afin de vous partager avec ma mère.

— Absolument, approuva la vieille dame. Quand un homme tel que Hans parle inlassablement d'une jeune fille, la mère manquerait de psychologie si elle ne devinait pas que la jeune fille avait pour son fils une importance particulière. Je suis ravie de votre présence chez nous, et vous ne serez nulle part de trop, en aucune circonstance... Ma petite fille, ce soir je me sens heureuse et je vais bien dormir, murmura-t-elle en saisissant la main de Joanne bouleversée.

— Moi, je suis enchantée, vraiment, que Hans m'ait amenée chez vous.

Spontanée, elle se pencha pour baiser la joue parcheminée, et elle se détourna.

— Venez, Joanne.

Après avoir embrassé sa mère, Hans entraîna Joanne

hors de la chambre en la tenant par les épaules. La porte refermée, Joanne se masqua les yeux de la main.

— Excusez-moi, c'est...

L'étreinte du bras de Hans se resserra sur elle. Hans conduisit la jeune fille dans une pièce dont il rabattit la porte derrière eux. Alors, il la prit dans ses bras, elle posa la tête sur sa poitrine, et il lui caressa les cheveux.

— Non, Joanne, je vous en prie, ne pleurez pas !...

Elle esquissa un sourire timide, que Hans lui rendit. Il semblait épuisé, mais il acquiesça, approbateur.

Elle constata alors qu'elle se trouvait dans la chambre de Hans. Celui-ci s'affala dans un fauteuil proche du lit tout en désignant un autre fauteuil, près de la fenêtre, à sa compagne. Durant d'interminables minutes, il resta silencieux, manifestement désemparé. Joanne aurait voulu le consoler, mais ne savait de quelle manière s'y prendre.

— Vous avez pu découvrir... à quel point il est pénible d'avoir sous les yeux quelqu'un que vous adorez et qui se meurt, chuchota-t-il, le regard baissé sur ses mains.

— Je comprends, Hans.

— Dieu merci, vous êtes avec moi !

— Vous n'étiez déjà pas seul avant.

— Ah ?

— Oui, il y avait, il y a Elena.

— Que vous a-t-elle dit ?... Qu'elle et moi, nous étions très proches l'un de l'autre ? insista-t-il comme elle ne répliquait pas.

Joanne acquiesça d'un signe de tête.

— Elle vous décrit la situation telle qu'elle se l'imagine ? Un avenir qui ferait d'elle ma femme ?

— En effet. Elle m'a dit qu'elle aurait déjà pu devenir votre épouse depuis longtemps déjà et qu'elle ne tardera pas à le devenir.

Il se leva vivement.

— Jamais, vous m'entendez ? Quoi qu'il arrive, jamais !... Elle ne cesse de me rendre fou en répétant partout ce genre de fable, et elle le faisait déjà du vivant de Klaus. Ça n'a jamais existé. En réalité, elle voulait épouser l'un de nous, elle a besoin de... d'une condition sociale que nous étions susceptibles de lui apporter. Et elle est obstinée. Parfois, lors d'une brouille entre Klaus et elle, elle... me faisait des avances, mais je n'y ai jamais répondu, je vous le jure !

Rassurée, Joanne se serait contentée de ces affirmations, mais Hans semblait résolu à tout éclaircir.

— Vous a-t-elle laissé entendre que je suis pour Kurt l'image de son père ?

— Quelque chose de ce genre, oui.

— Vous le voyez, je la connais bien ! Ne vous tracassez pas, ce n'est pas la première fois qu'elle profère de telles inepties, affirma-t-il en lui posant un baiser sur le front.

Il l'attira contre lui, et l'embrassa avec ferveur.

— Regagnons le salon, dit-il, il n'est pas convenable de s'attarder dans ma chambre...

Et ils descendirent, main dans la main, en riant.

Le lendemain matin, le petit déjeuner était à peine servi qu'un petit garçon blond surgit tel l'éclair pour se précipiter vers son oncle. Ils entamèrent en allemand une conversation trop rapide pour que Joanne pût la comprendre, mais Hans y mit fin pour faire les présentations.

Elena fit irruption dans la pièce.

— Alors, comme ça, mon fils a récupéré son second père, voilà qui est parfait ! s'écria-t-elle, la voix ravie, le regard énigmatique.

Joanne retint son souffle tandis que la jeune femme se penchait en avant pour embrasser son beau-frère — lequel détourna légèrement la tête.

— Oui, renchérit Elena, notre Hans est de retour, la famille est au complet.

Hans se dressa en s'arrangeant pour écarter de son épaule la main de la jeune femme.

— Installe-toi, Elena ; notre déjeuner refroidit.

Elena loucha, méprisante, sur les assiettes de bacon.

— Eh bien, on a fait des frais pour notre invitée ! Nous voici contraints de partager ses goûts bizarres !

— Elena...

Mais la jeune femme s'était assise et souriait comme pour adoucir la situation.

— Chéri, je plaisantais, tu t'en doutes bien ! Si Joanne séjourne assez longtemps près de nous, elle se familiarisera avec nos manières.

Quêtant à nouveau l'attention de son oncle, Kurt obtint l'autorisation de tenir la vedette jusqu'à ce qu'il fût l'heure pour Hans et Joanne de quitter le chalet.

— Il est inutile de réveiller maman, expliqua Hans à Joanne cependant qu'ils se dirigeaient vers la voiture. Je ne veux pas la déranger quand je pars si tôt.

Kurt, qui souhaitait leur faire ses adieux sur les marches du perron, fut rejoint par sa mère.

— Sois prudent, Hans, nous avons besoin de toi, déclara Elena.

— Abandonne, Elena, tu ne convaincras personne !

Joanne fut stupéfaite par cette franchise brutale, mais sans se troubler, Elena passa son bras autour des épaules d'un Kurt qui se débattit jusqu'à ce que la voiture se fût éloignée.

Tout en prenant la direction du lac de Thun, Hans éclata de rire.

— Elle finira peut-être par comprendre que je la perce à jour ! Elle est allée trop loin. A la mort de Klaus, elle a frôlé la dépression nerveuse. Nous avons donc été très indulgents avec elle — et nous le sommes encore. Mais cela n'a que trop duré.

Néanmoins, Joanne s'inquiétait. Manifestement, Hans adorait Kurt et à cause de cela, il risquerait peut-être de céder un jour aux avances matrimoniales d'Elena. Mais comme il paraissait cependant plus détendu, elle décida de tout faire pour entretenir son optimisme.

En approchant de l'hôtel, le jeune homme sourit.

— Eh bien, vous le voyez, tout a merveilleusement marché, nous sommes en avance ! Sérieusement, Joanne, je suis enchanté que nos différends aient été aplanis. Pour la première fois depuis des années, j'envisage une suite à mon existence, même si... ma mère disparaît.

Emue à en perdre la parole, Joanne regarda son compagnon avec incrédulité.

*
* *

Dans la matinée, le car fit une halte à Einsiedeln. Pendant que leurs touristes buvaient un café, Hans entraîna Joanne vers l'abbaye. De l'extérieur, rien ne laissait supposer ce que Joanne vit à l'intérieur.

Elle poussa une exclamation et demeura pétrifiée, contemplant autour d'elle l'aménagement baroque. La décoration était quelque peu surchargée, avec des teintes trop éclatantes et trop dorées sur le fond des murs blanchis à la chaux. Mais c'était la beauté suprême telle que des hommes autrefois l'avaient conçue. Joanne en fut émue aux larmes.

Quand ils repartirent, Hans murmura simplement :

— Mon père m'avait emmené ici quand j'étais jeune.

Ce qui expliquait beaucoup de choses.

— Je vous remercie, Hans, chuchota-t-elle, incapable de trouver d'autres mots.

Lorsque, après le déjeuner à Lucerne, ils se dirigèrent vers l'aéroport de Berne, Joanne était sûre d'être profondément éprise de Hans — et de son pays.

Le jeune homme se gara dans l'alignement des cars devant le bâtiment de l'aérogare, et comme à l'accoutumée, pria chacun de rester assis pendant qu'on déchargerait les bagages.

Joanne descendit du véhicule pour rejoindre Hans à l'arrière.

Il venait de déverrouiller le coffre et en fixait, horrifié, l'intérieur.

— Mon Dieu ! s'exclama-t-il.

Tous les bagages avaient disparu.

CHAPITRE VI

— Hans ! s'exclama Joanne, incrédule.

— Que vais-je leur dire ? Je ne parviens même pas à m'expliquer moi-même cette disparition !

Il se dirigea vers le second compartiment réservé aux bagages ; là aussi, il n'y avait rien.

— Oh ! chéri, qu'allons-nous faire ? balbutia Joanne.

— Je n'en sais absolument rien, répondit-il, hochant la tête. Ces gens vont être furieux, et à juste titre !

Puis il soupira, se redressa, et retourna si rapidement auprès des touristes que Joanne dut courir pour se maintenir à sa hauteur.

— Vous allez certainement être mécontents comme je le serais à votre place..., commença-t-il au moment où elle fut à ses côtés. J'ignore encore de quelle manière, mais vos bagages ont été volés, il ne reste pas une seule valise dans le coffre !

Hans écouta patiemment les exclamations de colère qui fusèrent, puis réclama le silence.

— Je ne peux que vous dire, au nom de la compagnie, à quel point je suis navré. Tout était naturellement verrouillé. Je ferai l'impossible pour récupérer vos affaires qui vous seront expédiées à domicile.

— Oui, mais quand ? interrogea un homme.

— Et comment ? s'inquiéta un autre.

— Et comment nous organiserons-nous jusque-là ? s'enquit une dame âgée.

— Nous ne disposons pas d'une garde-robe illimitée, confia une jeune mère.

Ils poursuivirent ainsi, de façon isolée ou en chœur, chacun exprimant son indignation. A nouveau, Hans les fit taire.

— Je suis tout à fait conscient des désagréments que cela implique, dit-il comme Joanne lui désignait sa montre.

Ils échangèrent un regard, et Hans soupira.

— Si nous nous attardons davantage, vous manquerez votre avion. Je vais immédiatement commencer mes recherches, vous avez ma parole. Je ne m'épargnerai aucun effort, aucune démarche jusqu'à ce que tout soit retrouvé. Nous avons vos adresses, avec le numéro des bagages que vous possédiez, nous vous contacterons. Entre-temps, je préviendrai l'assurance...

Durant le bref répit dont ils bénéficiaient avant de récupérer un nouveau groupe de touristes, Joanne constata que Hans avait brusquement vieilli de dix ans. Il s'affala sur un siège dans le car et se prit la tête entre les mains.

— Mon Dieu, que vais-je faire ? C'était déjà assez moche la dernière fois...

— La dernière fois... parce que cela s'est déjà produit ?

— Oui, mais cependant pas à ce point. Il manquait quelques valises dans le compartiment latéral du car.

Il observa leurs clients qui franchissaient les portes de l'aérogare.

— Voilà un groupe qui ne sera plus jamais des nôtres. Pire, ces gens-là ne garderont pas l'affaire secrète ; d'ici à quelques jours, tous les journaux relateront l'aventure, en Angleterre et ici. Nous ne tarderons pas à en subir les conséquences.

— Enfin, le coffre était verrouillé !

— Naturellement, mais qui le croira ? Pour la presse, pour nos concurrents, nos éventuels futurs clients, nous avons commis une faute grave. Et il y a eu trop d'incidents déjà !...

— Hans, que se passe-t-il réellement ? Il est temps que vous me le disiez...

— Quelqu'un cherche à mener notre compagnie à la ruine, tout simplement, avoua-t-il enfin. Il s'acharne sur nous depuis... Joanne enchaîna-t-il après avoir consulté sa montre, dépêchez-vous ou vous ne serez pas à l'heure pour accueillir le prochain groupe... Allez-y ; pendant ce temps, j'irai voir la police.

— Hans, vous êtes blême...

— Allez ! C'est un ordre, dit-il en se levant. Et souriez, n'oubliez pas !

Lorsque le jeune homme regagna l'hôtel, il avait les traits tirés, les yeux cernés.

— Comment cela s'est-il passé ? s'enquit la jeune fille.

— Pas très bien. La police nous aidera, bien sûr. Mais la tâche sera ardue. Les policiers ont étudié les empreintes repérées sur le car, et ont accompli toutes les besognes de routine. Mais ils n'ont rien trouvé d'anormal ou d'insolite. C'est du travail de professionnel. Il n'y a pas d'autres empreintes que celles des voyageurs. Les bandits n'ont pas commis la moindre erreur. Tout a été minutieusement prévu et exécuté, nous ne récupérerons jamais les bagages disparus.

— Et vous semblez en être persuadé ! Et les mésaventures précédentes auxquelles vous faisiez allusion...

— Accompagnez-moi dans ma chambre, coupa-t-il. Nous ne pouvons pas discuter ici, je ne fais plus, je ne peux plus faire confiance à qui que ce soit.

» Avant que j'oublie..., prenez ceci, dit-il après avoir refermé la porte derrière eux.

Il lui tendit plusieurs milliers de lires.

— Pour quelle raison ?

— Pour remplacer tout ce que vous avez perdu dans ce cambriolage. Nous n'avons plus que nos bagages à main, et il faut vous rééquiper pour la suite du voyage...

— Il est inutile que vous en fassiez les frais, Hans, je me débrouillerai, répondit-elle en repoussant l'argent.

— Non, je vous en prie, Joanne. Pour l'instant, je ne peux rien pour les autres. Mais vous, je tiens à vous aider.

Il alla s'allonger sur le lit, alluma une cigarette, aspira une longue bouffée de fumée.

— Joanne, vous m'avez cru quand je vous ai raconté que j'avais pris la route pour prouver que j'étais capable de le faire ?

— Dans une certaine mesure oui. Mais je me suis demandé si c'était l'unique explication.

— Vous avez raison. Tout a commencé à mal tourner à la fin de la saison dernière. Nous avons eu des problèmes de personnel, à cause d'accidents survenus à des guides aussi bien qu'à des chauffeurs. Nous avons cependant tenu le coup, grâce à une organisation stricte du temps de chacun et à la coopération des employés.

J'ai une équipe loyale à laquelle je serai toujours reconnaissant.

— Et les incidents ont continué ?

— Oui. D'abord, c'est un car dont les freins ont lâché ce qui aurait pu être dramatique. Par chance, seul le conducteur était à bord, un gars qui a du cran, qui a réussi à garder le contrôle du véhicule jusqu'à la sortie de la ville et qui a sauté quelques secondes avant que le car ne s'écrase. D'après l'enquête, le car avait été saboté. C'est après ce mauvais coup qu'un des autres chauffeurs a émis son opinion sur ceux qui étaient tranquillement assis dans un bureau. J'ai donc décidé d'aller moi-même travailler sur le tas pour tenter de résoudre le problème.

— Mais de quelle manière puisque vous ne saviez pas qui était derrière l'affaire ?

— Je croyais le savoir, confia Hans en fixant Joanne. L'an dernier, une compagnie concurrente m'a fait une offre d'achat. J'ai répliqué d'un ton ferme que cela ne m'intéressait pas. C'est ensuite que les incidents ont commencé. Tout semblait dénoncer mon rival. J'avais du mal à y croire cependant, mon concurrent est un homme d'affaire, sérieux, intelligent, mais... De toute façon, je ne pouvais plus supporter de vivre dans le doute et les soupçons. J'ai proposé à cet homme de nous rencontrer face à face.

— Que vous a-t-il dit ? Ou appris ?

— Il a été stupéfait de savoir qu'il existait des gens susceptibles d'utiliser de telles méthodes. Je jurerais qu'il ne ment pas en affirmant qu'il n'a rien à voir avec ce qui s'est produit.

— Moyennant quoi ?

— Je suis convaincu que c'est l'œuvre de quelqu'un qui a une raison similaire, de quelqu'un qui est totalement dénué de scrupules. Si la compagnie est ruinée, je le serai avec elle.

— Hans, vous avez prouvé que vous étiez un bon conducteur, vous réussiriez dans n'importe quel domaine. Je me battrai à vos côtés par tous les moyens pour vous permettre de conserver la compagnie. Dans l'immédiat, nous avons besoin, l'un comme l'autre de repos. Bonne nuit, Hans !

Il l'enlaça tendrement.

— Soyez sur vos gardes, Joanne, restez prudente. N'oubliez pas que Renato a été blessé, et à mon avis, ce n'était, pas plus que les autres fois, un accident.

*
* *

La nouvelle se répandit comme une traînée de poudre. Le bureau de Londres téléphona pour dire qu'un journal du dimanche avait fait une manchette à propos des bagages disparus. Hans en fut découragé, et Joanne surtout sentit grandir son inquiétude. Le propriétaire du journal était le père de James. Par ailleurs, la jeune fille était très intriguée : le numéro de dimanche était certainement à l'impression avant le retour des touristes à Londres.

— C'est exact, acquiesça Hans. Celui qui a fait disparaître les bagages avait déjà remis l'article à un rédacteur quelconque.

— Il faut faire quelque chose...

— Joanne laissez-moi faire. Il faut que je manœuvre à ma façon.

Lorsque, parvenu à mi-chemin du circuit, Hans retourna en Suisse par avion, Joanne redevint soucieuse quant à leurs relations. En dépit de la franchise qu'il avait manifesté en annonçant qu'il se rendait chez lui pendant qu'elle restait à Sorrente, elle éprouva une gêne. Elle se le représentait trop nettement au chalet Lindt — et elle s'imaginait clairement Elena lui faisant du charme. Or, depuis son départ, Hans la laissait sans nouvelle.

*
* *

Le soleil montait déjà à l'horizon quand le car arriva à Sorrente. Sur le port, Joanne sauta pratiquement du véhicule dans les bras de Neville Cushman. Cette fois, il avait troqué son ensemble kaki contre un pantalon beige et une chemise en soie couleur café qui seyait à son teint hâlé et à sa chevelure sombre. Jamais encore Joanne n'avait remarqué l'intensité de son regard noisette et l'épaisseur des longs cils noirs. L'intérêt qu'elle portait à Hans lui avait-il fait oublier l'existence de Neville ? En tout cas, elle ne se méfiait plus de lui.

Elle se ressaisit vivement quand il s'écria avec ravissement :

— Ah ! Chère amie ! Ayant appris que vous étiez à Sorrente, j'espérais bien vous revoir ! Comment allez-vous ? Et votre conducteur... Renato, autant que je m'en souvienne, s'est-il rétabli ?

— Il commence sa convalescence, il est chez lui à Gênes, je crois. En fait, j'ai eu peu de nouvelles depuis qu'il a quitté l'hôpital.

— Ah bon ! fit-il, se tournant vers le bateau à quai. Venez, ils sont prêts à partir...

Il se révélait un peu encombrant tout de même.

— Je ne fais pas la traversée, expliqua-t-elle. C'est

Vincento, l'autre guide, qui va prendre en charge mes clients...

Neville adressa un sourire aimable à l'intention des touristes.

— Eh bien, mesdames et messieurs, allez-vous laisser votre guide rester seule à l'hôtel pendant que vous vous amuserez à Capri ?

Ils insistèrent naturellement pour que la jeune fille les accompagnât, encouragés par le nouveau venu.

— Vous ne pouvez pas refuser. Vous pouvez tout de même bien vous détendre une journée, visiter l'île...

— Je suis terriblement fatiguée et j'ai l'intention de me reposer.

— Je sais ce qu'il vous faut, intervint Neville en la guidant vers le quai. Je dispose d'une villa appartenant à des amis qui sont absents et qui m'ont autorisé à l'occuper. Leur domestique, Ramon, nous offrira chaises longues, boissons fraîches...

Tout en secouant la tête, Joanne fut poussée à bord. Elle prit un siège à l'ombre, sous un parasol, au milieu de ses touristes.

Ceux-ci manifestèrent leur plaisir de l'avoir parmi eux. Il aurait été grossier de ne pas se mettre à l'unisson comme de refuser la boisson offerte par Neville.

A mesure que les moteurs se mettaient en marche, la jeune fille se détendit. Elle s'adossa à son fauteuil, avec l'intention de se reposer.

Mais la fatigue eut raison d'elle, et elle s'endormit à son insu.

Elle fut réveillée brusquement par des cris, par quelque chose qui heurtait la poupe du bateau. Ouvrant les yeux, elle constata qu'ils étaient arrivés à Capri et qu'un petit bateau s'était approché dans le but de transporter les touristes à la Grotte Bleue. Se rappelant la visite de la

Grotte d'Emeraude avec Hans, Joanne hocha négativement la tête quand Neville l'invita à monter dans un canot à rames. Les hommes se ressemblaient tous, et elle commençait à se lasser de leurs jeux !

— Il le faut, voyons ! s'obstina-t-il. Tout le monde doit...

— Je serai l'exception. Je n'ai pas l'intention de...

Mais elle dut quitter son siège afin de laisser le passage aux autres et elle fut repoussée contre le flanc du bateau. Neville lui saisit le bras, et elle se rendit compte trop tard qu'il la guidait vers un batelier au teint basané qui maintenait son embarcation en équilibre. Dans la foule, piégée, elle ne put s'écarter sur le côté et brusquement, qu'elle le voulût ou non, des bras forts la soulevèrent pour la transporter à bord du canot.

Rameurs et touristes riaient. Neville barra la fuite de Joanne. Comme il s'accroupissait derrière elle, sur la banquette inconfortable et humide du fond du bateau, elle fut certaine qu'il avait adressé un signe au batelier, probablement pour lui donner l'ordre de démarrer.

— Vous n'en faites donc toujours qu'à votre tête ? protesta-t-elle en soupirant.

— J'ai cette chance !

Un peu honteuse d'avoir un instant manifesté une certaine mesquinerie par son mécontentement, elle se tourna vers lui.

— Je suis réellement fatiguée et j'aurais aimé rester seule.

— Vous le serez dès que nous serons arrivés à la villa Cicada, promit-il posant une main sur son épaule.

Alors elle s'aperçut qu'ils obliquaient dans une direction différente de celle empruntée par les autres bateaux. D'ailleurs, le batelier avait rangé les rames et mettait un moteur en marche.

— C'est déloyal ! cria-t-elle, espérant attirer l'attention.

Mais déjà le moteur cinglait les flots en direction de la mer — et personne ne pouvait entendre la jeune fille.

— Ne vous tracassez pas, recommanda Neville. Vous souhaitiez vous reposer, je vais vous en fournir l'occasion.

— Oh ! je n'en doute pas ! rétorqua-t-elle d'une voix sarcastique.

— Vous ne soupçonnez tout de même pas tous les hommes de mauvaises intentions à votre égard ?

Elle prit son inspiration, mais il devança la riposte :

— Tout cela parce que votre chauffeur est un goujat...

— Absolument pas !

— Tiens, tiens !

Son ricanement exaspéra la jeune fille. Ayant peu à peu repris de l'assurance, elle se contraignit à sourire et décida de manœuvrer le batelier. Dans un italien facile, afin qu'il ne pût se méprendre sur le sens de ses phrases, elle le pria de la ramener à terre.

— Excusez-moi, mais c'est impossible ici, répliqua-t-il dans un anglais qui valait l'italien de Joanne.

— Alors, ramenez-moi à la Grotte Bleue ou au ferry.

— Excusez-moi, mais c'est impossible.

— Faites quelque chose, voulez-vous ? ordonna-t-elle à Neville, derrière elle. Commandez-lui de me ramener.

— Il le fera, assura-t-il calmement. Un peu plus tard. Quand vous serez bien reposée, vous vous retrouverez au port pour embarquer sur le même bateau que vos touristes.

— Vous ignorez l'heure de départ.

— Vraiment ?

En fait, elle n'était pas étonnée de découvrir qu'il connaissait tout des dispositions prises. Il surgissait partout, à tout instant, et assez souvent pour que cela fût inquiétant.

— Allons, ne vous impatientez pas, voici la villa Cicada, fit-il apaisant, désignant le rivage.

Refusant le soutien de son bras, Joanne sauta à terre dès que le batelier eut accosté. Aussi rapidement que le permettaient les galets qui roulaient sous les pieds, elle remonta le sentier.

En riant, Neville courut pour la rattraper.

— Vous faites preuve d'une grande indépendance. Je ne comprends pas pourquoi, mais... votre personnalité me plaît.

— Allez au diable ! Puisque vous avez tout manigancé, soyez content ! Mais laissez-moi tranquille !

— Vous avez ma parole que je ne vous toucherai pas. Une fois certain que Ramon saura vous fournir ce dont vous avez besoin, je disparaîtrai. Jusqu'au moment de partir.

— Alors, pourquoi ce plan fumeux et vicieux pour m'accompagner ici ?

— Hé ! soupira Neville, le regard sérieux. J'avais l'intention... j'espérais que nous passerions la journée ensemble. Je vous ai dit que j'étais sous votre charme. Mais c'est à contrecœur que j'impose ma présence à une femme quelle qu'elle soit. C'est finalement vous qui en faites à votre tête.

Sans échanger un mot, ils se dirigèrent vers la pelouse qui grimpait jusqu'à la villa. Joanne entendit le bateau repartir. Neville lui désigna des chaises longues disposées à l'ombre, autour d'une table de fer forgé peint en blanc.

— Ramon ! appela-t-il.

Il s'éclipsa pour reparaître avec un petit homme à l'œil noir, revêtu d'une vieille veste sur un pantalon noir.

— Voici mademoiselle Kirkham qui va consacrer sa journée au repos, annonça Neville en souriant froidement.

Reculant d'un pas, il observa Ramon qui posait sur la table un plateau garni de verres et de bouteilles.

— J'espère qu'il y a là tout ce qu'il vous faut, mademoiselle, dit Ramon. Je vous apporterai tout à l'heure de quoi vous restaurer. En cas de besoin, sonnez, je viendrai, assura-t-il, montrant une petite sonnette de cuivre.

— Asseyez-vous, Joanne, invita Neville. Je croyais que vous étiez fatiguée.

— Je ne reste pas.

— Je vous en prie, mademoiselle, intervint Ramon, prenez au moins le temps de profiter de notre hospitalité.

L'homme tapota les coussins de la chaise longue et régla la position du parasol.

Joanne se tourna vers Neville — pour constater qu'il s'éloignait à grandes enjambées. Devinant son regard, le jeune homme lui adressa un salut de la main, sans se retourner. Joanne haussa les épaules. Ce ne serait pas plus mal de s'asseoir un moment, après tout... Reprendre haleine, réfléchir au moyen de quitter cette villa...

Elle sirota sa boisson, la tête appuyée en arrière. Pressentant qu'on l'observait, elle regarda la maison et remarqua Ramon à une fenêtre. L'homme lui sourit.

De toute évidence, celui-ci l'épiait, alors comment s'échapper et regagner la ville ?

Pendant près d'une heure, elle guetta le moindre mouvement venant de la villa. Finalement, Ramon quitta son poste d'observation, traversa une terrasse ensoleillée, franchit une porte étroite de jardin qu'il claqua à sa suite.

Joanne attrapa son sac et se mit à courir sous les arbres. Elle passa près d'une cascade artificielle dont l'eau rebondissait de roche en roche, du haut de la colline.

L'eau provenait d'un bassin bordé d'arbres. Au-delà, un mur cernait le domaine. Ebauchant un sourire, Joanne se mit à quatre pattes pour escalader le sentier qui longeait le cours d'eau. L'aventure s'avérait facile. Elle ne tarderait pas à rejoindre des touristes, les siens vraisemblablement. Capri n'était pas si vaste. Quelqu'un dirigerait la jeune fille vers le port. Elle parlait la langue du pays, elle obtiendrait de l'aide. S'il le fallait, elle attendrait toute la journée de rencontrer une tête familière, car pour rien au monde, elle n'accepterait de retourner seule sur le continent.

L'expérience avait prouvé que Neville était un maître en matière de filature, partout, que ce fût à Capri, sur le ferry, ou à Sorrente.

Dans le cas où il aurait simplement cherché à lier davantage connaissance, eh bien ! il devrait se contenter de la rencontre d'aujourd'hui.

La lourde porte ne céderait pas. Agacée, Joanne se débarrassa de ses sandales, les noua à son sac. Pieds nus, elle escaladerait plus aisément le mur. Ravie de son idée, elle tendit la main pour atteindre le sommet du mur qui était plat.

Un chien soudain s'élança, aboyant, prêt à mordre, surgi de nulle part. Serrant ses crocs sur la cheville de Joanne, il tira.

Les doigts de la jeune fille se crispèrent désespérément sur le mur lisse. S'écorchant bras et jambes,

Joanne tomba, roula sur plusieurs mètres pour s'étaler sur le dos. Grondant, menaçant, l'énorme chien cala ses pattes de chaque côté de la tête de la jeune fille.

Joanne écarta son visage de la gueule bavante. Le chien aussitôt grogna, mais redressa la tête.

Saisissant alors sa chance, Joanne roula sur le côté, s'affala sur la masse de l'animal.

Brusquement, ils se retrouvèrent dans l'eau, pataugeant. Joanne se débattit, et le chien agrippa ses pattes avant sur les épaules de Joanne. L'espace d'un moment, ils semblèrent exécuter une danse grotesque, mais la jeune fille reculait, en direction des pierres qui bordaient le bassin. Elle trébucha.

Son corps fut projeté de roche en roche tandis qu'elle plongeait sous la cascade.

Elle s'entendit hurler, et puis ce fut le silence quand sa tête heurta un arbre.

CHAPITRE VII

Joanne ouvrit les yeux, pour apercevoir quelques centimètres de chemise couleur café.

— Dieu merci ! s'écria Neville. Tout va bien, tout va bien, murmura-t-il.

— Le chien..., balbutia la jeune fille, terrorisée.

— Il est mort, Joanne.

— Mais...

Elle ne comprit pas. Elle était incapable de comprendre quoi que ce fût. Comment le chien était-il mort ? Et pourquoi Neville était-il là ? Joanne bougea, et Neville lui souleva la tête pour la poser sur ses genoux. Elle aperçut alors le révolver dans l'herbe et elle comprit ce qui s'était passé pour l'animal.

Des pas dévalèrent la pente, et Ramon apparut, essoufflé après la course.

— Apporte une chaise longue, n'importe quoi ! ordonna Neville. Nous allons la transporter.

— Mon Dieu ! fit Ramon qui repartit en courant.

— Vous êtes dans un drôle d'état, Joanne. Mais ne vous inquiétez pas, je vais vous conduire auprès d'un médecin...

— Merci, bégaya-t-elle, faiblement.

Il s'inclina pour lui baiser le front.

— Dieu merci, votre visage est intact ! Je ne me le serais pas pardonné si... Joanne, croyez-moi, je n'imaginais pas que cela pouvait arriver. J'avais pensé que vous profiteriez d'une journée de congé et de repos à Capri, que vous comprendriez mon désir très banal de vous connaître davantage, que... Joanne, regardez-moi ! supplia-t-il.

Levant les yeux vers lui, elle le découvrit soucieux. Voulant le rassurer, elle remua, et grimaça.

— Restez tranquille. Tant que vous n'aurez pas vu de médecin, on ne peut pas être certain que vous ne souffrez pas de blessures internes...

— Non, je ne crois pas que ce soit le cas, je suis seulement égratignée et meurtrie un peu partout...

— Je suis sincèrement navré !

Sa franchise impressionna la jeune fille. Joanne se dit qu'elle l'avait mal jugé, décidément.

— N'en parlons plus, j'étais en partie responsable. Si je ne m'étais pas méprise sur vous, je n'aurais pas cherché à fuir, et rien de tout ceci ne se serait produit.

Ramon revenait, traînant une chaise longue. S'en servant comme d'un brancart, les deux hommes transportèrent la jeune fille jusqu'au bas de la pente.

— Voulez-vous que je téléphone au médecin ? proposa Ramon.

— Je vais l'y conduire, ça ira plus vite, la voiture est derrière ?

Ramon acquiesça. Joanne se reposa à l'ombre jusqu'à ce que Neville eût contourné la villa au volant d'une petite voiture de sport. Il parut soucieux parce qu'elle ne pouvait pas s'étendre confortablement sur le siège arrière, mais elle protesta qu'elle serait très à l'aise, assise à l'avant.

En quelques instants, Neville avait fixé la ceinture de sécurité et démarré.

Après un rapide coup d'œil, le docteur versa quelque chose dans un verre et écouta Neville relater les faits. Il marmonna des mots incompréhensibles, remarqua les mains écorchées que Joanne tendait pour prendre le verre.

L'examen prit un certain temps, et Joanne à présent frissonnait dans ses vêtements détrempés, mais le remède avait calmé sa nausée. Le médecin ne parlant pas anglais, elle fut contente d'être capable de suivre l'entretien en italien. Apparemment, Neville comprenait également chaque mot.

En conclusion, elle fut soulagée d'apprendre que l'hospitalisation ne serait pas nécessaire à Capri où une épidémie de dysenterie avait rempli l'hôpital. Comme il ne semblait pas y avoir de fractures, le docteur estimait inutile d'exposer Joanne à la contagion.

— Une fois vos blessures pansées, vous vous reposerez jusqu'à ce que vos vêtements soient secs, puis vous retournerez sur le continent. Demain, présentez-vous à l'hôpital de Sorrente où je préviendrai de votre visite. Je vais vous faire des piqûres, le reste pourra attendre. Les radios ne feront certainement que confirmer mon diagnostic, à savoir que vous ne souffrez d'aucune contusion interne. Vivez pendant quelques jours au ralenti...

Joanne dût se contenir pour ne pas crier quand il lui fit une piqûre antirabique dans le ventre, mais le pire était passé.

Ensuite, elle dut somnoler dans une chambre attenant au cabinet médical et elle ne s'éveilla qu'en fin d'après-midi, quand Neville revint pour la ramener au bateau.

Soutenue par le bras du jeune homme, elle parvint même à rire quand ils montèrent à bord.

— Si l'un de mes touristes m'aperçoit, il se demandera ce que je fais !

— Effectivement... Mais à cette heure-ci, vous n'en rencontrerez certainement pas à bord. Tous doivent être rentrés depuis des heures.

Sur le pont, il insista pour qu'elle mangeât quelque chose, soulignant qu'elle n'avait rien absorbé depuis le petit déjeuner.

— Mais je n'ai pas faim.

— Essayez tout de même d'avaler quelque chose.

Il revint, rapportant des sandwiches et un grand verre de cognac.

— Vous devez reprendre des couleurs. Allez, un petit effort, encouragea-t-il.

Joanne fit une tentative, mais au bout de quelques bouchées, elle repoussa l'assiette.

— Excusez-moi, Neville, je ne peux pas... En revanche, ce cognac est exactement ce dont j'ai besoin.

Après qu'elle eut bu l'alcool, ses blessures lui parurent moins douloureuses, et elle sourit.

— Je me sens mieux...

— Et votre teint s'avive. Je vais vous chercher un autre verre...

— Vous croyez, vraiment ?... gloussa la jeune fille. Rappelez-vous que j'ai l'estomac vide.

— Je vous porterai si c'est nécessaire !

Elle se carra dans son fauteuil avec satisfaction cependant que Neville se rendait au bar. Le cognac avait apaisé l'anxiété autant que la douleur, et Joanne se demandait comment elle pourrait éviter la visite à l'hôpital.

En réalité, une secousse soudaine lui rappela que ses plaies ne s'étaient pas par magie cicatrisées.

— Qu'est-ce que c'était ? interrogea-t-elle, grimaçante.

— Nous venons d'accoster, répondit-il. Heureusement, vous semblez aller beaucoup mieux. Sans vos vêtements déchirés, personne ne devinerait quelle épreuve vous venez de subir !

— Je vais me faire remarquer sur le chemin de l'hôtel.

— N'ayez crainte, tout se passera bien, la rassura-t-il en l'aidant à se mettre sur pied. Vous n'imaginez pas que je vais vous abandonner, non ? Et demain matin, je viendrai vous chercher pour vous conduire à l'hôpital. Ensuite... j'espère que vous m'autoriserez à vous offrir un somptueux déjeuner pour me faire pardonner, ajouta-t-il en souriant.

Il l'aida à quitter le bateau.

Elle s'appuya contre lui, ravie d'un tel appui.

— Vous vous montrez... extrêmement bon, dit-elle en s'efforçant de ne pas bafouiller tandis que le jeune homme l'aidait à avancer parmi la foule.

Joanne devina qu'on l'observait en la critiquant, sans doute à cause de son apparente ébriété. Mais seul comptait le fait que Neville la soutenait de son bras, et elle gloussa :

— Je me suis trompée sur votre compte ! C'est drôle, les idées que l'on peut se faire sur les gens !

— Alors, vous êtes rassurée ?

— Totalement.

— Et vous déjeunerez avec moi ?

— Bien sûr !

— Formidable !

Elle regarda la silhouette floue de Neville qui se mêlait à la foule pour aller chercher un taxi. Gênée par ses pansements, elle glissa son poignet derrière elle, pressant contre son flanc la paume douloureuse de son autre main. Elle avait aussi horriblement mal à l'épaule, ainsi qu'à l'endroit de la piqûre antirabique.

— Joanne !

Elle leva péniblement les yeux vers un costume élégant, remonta jusqu'aux yeux d'azur dans un visage bronzé.

— Hans !

Sans un mot, il retourna entre ses doigts un petit paquet que, brusquement, il rangea dans sa poche.

— Vous avez bu ! remarqua-t-il, l'air furieux.

Elle acquiesça et fut prise d'un fou rire irrépressible. Hans paraissait si mécontent qu'elle avait hâte de voir sa tête quand il apprendrait les événements du jour. Il serait soucieux, inquiet, soulagé en même temps parce qu'elle n'avait pas été gravement blessée.

— Regardez-vous, votre allure..., enchaîna-t-il. Des vêtements chiffonnés, déchirés, le cheveu en bataille...

— Je... j'ai eu un accident.

— Dans mon pays, les dames boivent raisonnablement !

Chancelante, Joanne se redressa, tenta de fixer le regard accusateur du jeune homme.

— Je... je..., bredouilla-t-elle avant d'être saisie d'une idée. Je vous croyais en Suisse.

— Je suis terriblement déçu !

— Vous ne le serez plus quand vous saurez... Pourquoi avez-vous avancé votre retour ?

Elle le vit qui maniait nerveusement un objet dans sa poche, croisa son regard dont la tristesse la navra.

— Oui, je suis déçu et écœuré ! murmura-t-il.

Et il tourna les talons. Elle le regarda se frayer un chemin parmi les gens qui attendaient que le bateau se fût vidé. Elle perçut un bruit de moteur qui démarrait, entrevit le masque tendu de Hans au volant d'une voiture qui remonta la colline.

Comme des larmes lui brûlaient les yeux, elle chercha un mouchoir.

— Tenez, proposa Neville en lui tendant un carré blanc impeccable. J'ai assisté à la scène. C'était votre chauffeur, n'est-ce pas ?

— Oui, il ne m'a pas laissée m'expliquer.

— Peu importe... Venez, le taxi nous attend, dit-il en la prenant par la taille.

Ils étaient parvenus à l'hôtel quand Neville poursuivit :

— Il vous a rudement sermonnée, n'est-ce pas ? Vous n'avez pas à accepter cela de quiconque.

— Cela dépend... car voyez-vous... c'est lui le patron de la compagnie. Il possède tout, les bureaux, les cars et même le personnel !

— Vous ne voulez pas dire qu'il est...

— Il s'appelle Hans Lindt. Le grand patron en personne !

Elle tâtonna à la porte, aveuglée par les larmes, soudain désemparée et misérable. Neville l'aida, plein de sollicitude.

— J'entre avec vous, je vais lui dire ma façon de penser.

— Non, cela peut attendre... Merci, Neville. J'en ai eu assez pour aujourd'hui ; tout ce qu'il me faut, c'est monter droit à ma chambre.

— Comme il vous plaira. Mais n'oubliez pas le

rendez-vous à l'hôpital demain. Je viendrai vous chercher ici.

— C'est inutile...

— Au contraire ! sinon mes inquiétudes ne s'apaiseront pas. De plus, rappelez-vous que nous déjeunons ensemble demain.

Se rendant à la réception pour récupérer sa clé, consciente des regards qui l'obervaient, Joanne devina que Hans était parmi les spectateurs et elle feignit de ne pas le voir. Quand l'ascenseur fut au rez-de-chaussée, elle fit des efforts pour en ouvrir les grilles avec ses mains blessées. D'autres mains, fortes, familières, l'assistèrent.

Une fois dans la cabine, elle remercia d'un signe de tête.

— Jo... vous pleurez.

Elle détourna la tête.

— Qu'est-il arrivé à vos mains ?

Elle refusa de répondre, trop choquée d'ailleurs pour parler. A son étage, elle sortit de la cabine et claqua les grilles sur le jeune homme.

Elle avait déjà ouvert la porte de sa chambre lorsqu'elle entendit Hans courir vers elle. Elle s'empressa de refermer la porte à clé.

Elle se déshabilla lentement, avec difficulté. Les effets de l'alcool s'amenuisaient rapidement. La jeune fille souffrait abominablement des blessures, des écorchures, des meurtrissures même. Jamais elle ne parviendrait à dormir. Elle avala une bonne dose d'aspirine avec une copieuse gorgée de cognac.

*
* *

Le matin la trouva endolorie, affamée — et avec la tête lourde ! Comment, alors qu'elle se sentait si malade, pouvait-elle avoir envie de manger ? Et pourtant, elle avait l'impression que le croissant et le café du matin ne lui suffiraient pas.

Songeant au déjeuner, elle esquissa un sourire. Comme Neville avait été gentil. Elle se réjouissait qu'il vînt la chercher pour la conduire à l'hôpital. Elle avait besoin de réconfort et elle ne pouvait pas en attendre de Hans.

Ses divers pansements lui interdisant une douche ou un bain, elle dut se contenter d'une toilette sommaire, qui lui causa d'ailleurs quelques problèmes en raison de ses mains blessées.

Elle mit si longtemps à s'habiller qu'elle fut en retard pour le petit déjeuner. En se dirigeant vers Hans, elle remarqua qu'il avait le visage sombre.

— Joanne... j'ai peut-être porté un jugement trop hâtif, hier, avoua-t-il aussitôt. Vous étiez blessée, n'est-ce pas ? Je ne m'en étais pas rendu compte.

— Cela n'a pas d'importance.

— Je vais vous expliquer ce que j'ai forcément pensé...

— C'est inutile, interrompit-elle avec plus de rudesse qu'elle n'en avait l'intention.

— Voyons, Joanne, fit-il en lui saisissant la main. J'ai cru que... Mon Dieu ! mais combien d'autres blessures avez-vous ? s'écria-t-il.

— Qu'importe ! riposta-t-elle, haussant les épaules.

— Joanne, je vous le demande, qu'est-il arrivé ?

— Rien, répliqua-t-elle, retirant sa main et fuyant le regard du jeune homme.

— D'accord, je me suis trompé sur votre compte, je le fais sur le compte de tout le monde, murmura-t-il en soupirant. Pardonnez-moi...

Elle le voulait bien... Cependant, il lui avait fait une scène devant tous, y compris devant Neville.

— Joanne,vous ne m'écoutez même pas. Que vous est-il arrivé ?

— J'ai eu un accident... Et j'ai bu du cognac pour atténuer la douleur, ajouta-t-elle en riant, souhaitant soudain qu'entre eux la sincérité fût totale.

— Mais, Joanne, vos blessures sont-elles graves ?

— J'y survivrai ! Je dois aller à l'hôpital pour un examen de contrôle.

— Je vous y emmènerai.

— C'est arrangé, je vous remercie. Neville m'y conduira.

— Je vous en prie, n'allez pas avec cet individu.

— Tout est prévu. Je ne vais pas le déranger pour rien.

— En revanche, vous avez trouvé normal, hier, que je loue inutilement une voiture !

— Hans !

— J'étais fou d'inquiétude à votre sujet. Quand j'ai vu débarquer le groupe sans vous, je vous ai cherchée partout. Quand je vous ai enfin trouvée... vous n'étiez pas vous-même. Je me suis mis en colère et... vous avez été bouleversée. Seulement maintenant, le voilà, l'autre qui réapparaît ! Je suis forcé de comprendre.

— Nous en reparlerons plus tard. Je dois me dépêcher. Je rentrerai aussitôt après le déjeuner.

— Quoi, après le déjeuner ?

— J'ai effectivement promis à Neville de partager avec lui un déjeuner de paix en quelque sorte.

— Pourquoi un déjeuner de paix ?

— Eh bien... je ne sais pas exactement, confia-t-elle en souriant. Plus j'y réfléchis, plus je suis convaincue que c'est moi qui devrais lui faire des excuses...

— Des excuses à lui ? Pour quelle raison ?

— Pour ne pas avoir réalisé plus tôt à quel point il était prévenant et gentil.

Il se leva d'un bond, visiblement en colère.

— Assez, Joanne, n'allez pas plus loin dans cette histoire ou elle vous dépassera. Je vous en prie, ne déjeunez pas avec lui.

— Pourquoi pas ?

— Prenez garde, Joanne, vous ne connaissez pas cet homme.

— Et vous ?

Il soupira, haussa les épaules et sortit de la salle à manger à grandes enjambées.

— Neville, pourquoi ce chien m'a-t-il attaquée ? interrogea-t-elle quand ils furent en route pour l'hôpital.

— Il était chargé de décourager les visiteurs indésirables.

— Mais je n'étais pas...

— Vous vous étiez comportée comme telle. Oh ! ne vous tracassez pas, je recommanderai à mes amis de ne pas le remplacer par une bête aussi méchante...

Neville souriait, rassurant, quand elle le rejoignit peu avant midi, les examens terminés.

— J'ai rencontré l'un des médecins, expliqua-t-il. Je lui ai avoué que j'étais responsable de vous — simplement pour qu'il ne me cache pas la vérité. De toute façon, il m'a assuré, heureusement, que vous seriez bientôt totalement rétablie.

— C'est ce qu'on m'a affirmé ! rétorqua-t-elle en riant. Mais ils ont insisté pour que je revienne me faire panser, et je dois rester à proximité d'un hôpital pendant un temps fou à cause du traitement antirabique. Quel ennui !

— Les injections sont douloureuses, n'est-ce pas ?

— Oui, avoua-t-elle en grimaçant.

Le restaurant dans lequel Neville la conduisit était désuet, merveilleusement meublé et manifestement coûteux.

— Ne vous inquiétez pas, c'est dans mes moyens, précisa-t-il, riant de sa surprise.

— Oh ! je n'en doute pas ! riposta-t-elle en prenant place à une table d'angle. Mais vous ne m'avez jamais dit quelles étaient vos activités.

— Eh bien... hésita-t-il, je dirige une usine de pièces détachées pour les poids lourds, particulièrement. Cette fonction m'amène à circuler beaucoup. J'ai des contacts d'affaires un peu partout.

Joanne fut contente d'en savoir plus long sur son compagnon. Les quelques détails qui l'avaient tracassée dans son comportement de la veille étaient à présent éclaircis. Ou ne tarderaient pas à l'être. Quand ils auraient passé leur commande, elle poserait d'autres questions et elle pourrait plus tard rectifier sévèrement les erreurs de Hans. Mais ce fut Neville qui, le premier, reprit la parole.

— Au fait, votre patron a-t-il continué de vous harceler.

— Oui.

— Est-il satisfait de vos réponses ?

— Il le sera quand je le rejoindrai, cette fois.

— Etes-vous obligée de garder cet emploi ? Dites-lui votre façon de penser !

— Je n'y tiens pas... Autant que vous sachiez qu'il ne s'intéresse pas seulement à moi sur le plan professionnel. Dernièrement, il m'a emmenée chez lui pour me présenter à sa mère.

— Je vois, fit Neville dont le regard sombre exprima l'étonnement, l'amusement et pas du tout la jalousie. Il s'agit vraisemblablement de ce Hans Lindt qui a une belle-sœur veuve et si séduisante.

— Comment le savez-vous ? Hier, vous prétendiez ne pas connaître Hans...

— Je ne le connais pas, mais attention, Joanne...

Un avertissement de plus. Joanne fronça les sourcils.

— Neville, qu'avez-vous entendu dire à propos de Hans et d'Elena ?

— Oh ! ce n'est pas vraiment un ragot, car l'Europe entière est au courant !

Mais il ne s'étendit pas davantage sur le sujet.

Incapable d'admettre l'allusion du jeune homme, Joanne s'efforça de se concentrer sur le repas. Les mets étaient excellents, mais Joanne avait perdu l'appétit.

Sentant le regard de Neville sur elle, elle leva les yeux.

— Je suis heureux de vous avoir rencontrée, Joanne, vous êtes une fille extraordinaire !

— Neville, je dois être sincère avec vous : vous perdez votre temps avec moi.

Il soupira, baissa le nez sur son assiette.

— A cause de Lindt ? Il faut que vous sachiez la vérité à son sujet avant de vous...

— N'en dites pas plus, Neville ! A moins que vous ne teniez à ce que je vous abandonne là, au milieu du repas !

— Comme vous voudrez, mais vous voilà prévenue, maintenant !

Il changea de sujet de conversation, mais quelque chose était gâché. Joanne se disait que tout compte fait

Neville n'était qu'un soupirant jaloux. C'était du moins ce qu'elle espérait désormais car, autrement... il risquait d'y avoir un peu de vrai dans les potins auxquels il avait fait allusion au sujet de Hans.

Brusquement, Joanne se sentit lasse de tous ces hommes. Il y avait d'abord eu la déception causée par James, puis cette attirance pour Hans et maintenant... Bref, elle ne savait plus que croire ni qui croire ! Le mieux serait de disparaître durant une heure ou deux. Seulement, auparavant, elle devait une explication à Hans, ainsi qu'elle le lui avait promis la veille. Au reste, ce ne serait pas long.

Dès qu'ils eurent bu le café, elle se leva.

— Ce fut un déjeuner merveilleux, dont je vous remercie, Neville.

— Je suis content qu'il vous ait plu.

— Il faut maintenant que je rentre à l'hôtel. Voulez-vous me faire appeler un taxi ?

Elle ne s'étonna pas qu'il insistât pour la raccompagner, mais cela ne modifia pas sa détermination à le quitter après un bref au revoir. Neville représentait une complication dont elle pouvait actuellement se passer. Quand la voiture se gara devant l'hôtel, elle renouvela ses remerciements.

— Peut-être nous reverrons-nous bientôt, conclut-elle.

— Mais vous ne semblez pas y tenir...

— Voyons, Neville...

Tirant de sa poche crayon et papier, il inscrivit un numéro.

— A la fin de la saison, c'est là que vous pourrez me joindre.

Elle prit la note afin d'éviter toute discussion, mais décida qu'elle ne lui téléphonerait jamais.

Quand elle reçut sa clé à la réception de l'hôtel, on lui remit un message. Intriguée, elle déchira l'enveloppe.

Joanne chérie, comme vous l'avez remarqué, nous sommes tous les deux libres cet après-midi. Il faut que je vous voie, ne serait-ce que pour m'excuser de ma conduite… Je vous en prie, Joanne… Hans.

Elle sourit malgré elle, consulta sa montre et se tourna vers le réceptionniste.

— Voulez-vous téléphoner à mon chauffeur, je vous prie ? Et lui dire que je descendrai prendre le thé avec lui à quatre heures. Merci.

— Joanne ! appela Hans qui l'attendait près de l'ascenseur. J'ai demandé qu'on nous serve sur la terrasse, j'espère que cela vous convient ? ajouta-t-il en lui saisissant la main.

Remarquant qu'il avait perdu de son assurance, elle le suivit, en disant :

— Ce sera parfait, merci.

— Comment allez-vous ? s'enquit-il. Quel est le diagnostic de l'hôpital ?

— Les médecins sont contents de moi, répondit-elle, rassurante, souhaitant que le souci qu'il manifestait fût un démenti de ses liens avec Elena.

La serveuse s'attarda longuement autour d'eux.

— Ouf ! s'exclama Hans quand elle les quitta. Je n'en pouvais plus d'attendre pour vous dire…

Mais il s'interrompit, décontenancé. Ce qui étonna la jeune fille, car elle ne se doutait pas qu'il pût être troublé par quoi que ce fût.

— Je dois l'avouer, je suis jaloux, souffla Hans. J'ai

eu beau me répéter que je n'avais aucunement le droit de vous parler sur ce ton... comme si j'étais votre...

— Ange gardien ? suggéra-t-elle.

— Mon Dieu, c'est de cette façon que je vous suis apparu ? C'est encore pis que ce que je redoutais !

Alors, les craintes de Joanne commencèrent à se dissiper...

*
* *

Il faisait sombre quand ils quittèrent la salle à manger après le dîner. Ils n'avaient cessé de bavarder depuis le goûter et ils semblaient plus proches que jamais.

— Pendant tout mon séjour à la maison, je n'ai fait que songer au soir que nous y avons passé ensemble, confia-t-il. J'ai enfin compris qu'il ne fallait pas que je reste seul. Une brève absence de votre part et je me sens... perdu !

— Hans !

Elle nota la nervosité dans sa voix, et l'expression tendue de son visage.

— Vous aviez dit que, plus tard, peut-être, nous aurions l'occasion...

Il bégayait, cherchait ses mots en anglais pour en arriver péniblement au point capital.

— Hans, vous n'êtes pas timide, voyons ! riposta-t-elle en riant.

— Il y a au dernier étage une terrasse peu fréquentée...

— Dans ce cas, allons-y.

Ouvrant la porte qui menait au toit, il jeta un regard alentour, sourit.

— Formidable, c'est désert ! Oh ! Joanne, si vous

aviez été blessée plus sérieusement..., murmura-t-il en l'attirant contre lui.

— Je vais bien, n'en parlons plus !

— Mais j'ai peur de vous toucher, je me rappelle à chaque seconde qu'il faut prendre garde à ne pas vous faire mal !

— Euh... oui, admit-elle avec une grimace. Cela complique la situation. C'est mon épaule qui est la plus douloureuse maintenant, faites-y attention et je m'arrangerai pour ne pas crier !

Il l'entraîna vers le mur qui cernait la terrasse. Joanne poussa une exclamation d'admiration devant le reflet de la lune sur la baie de Naples.

— C'est fabuleux ! Surtout quand on admire le spectacle à deux, assura-t-elle, cherchant les yeux de Hans.

— J'ai toute ma vie attendu quelqu'un comme vous, Joanne. Non, c'est vous que j'attendais, murmura-t-il.

Il l'embrassa et la conduisit vers un banc garni de coussins à l'abri d'un buisson de bougainvillées pour l'embrasser à nouveau.

Puis il la dévisagea, anxieux.

— Vous m'avez déjà fait oublier le splendide discours que j'avais préparé. Il m'est difficile à moi qui suis étranger de m'exprimer...

La tenant à bout de bras, il guetta sa réaction.

— Et j'ai plongé tête baissée parce que je suis incapable d'attendre votre réponse. Normalement, j'aurais dû vous faire la cour quelque temps...

— Hans, taisez-vous, chuchota-t-elle, émue.

— Ceci vous aidera-t-il à deviner ce que j'ai à vous demander ?

Il tira de sa poche le paquet qu'elle avait vu la veille

dans sa main sur le port. Il défit maladroitement l'emballage et quand il ouvrit la boîte à l'intérieur, elle aperçut un diamant scintiller.

— Hans ! souffla-t-elle. Vous voulez m'épouser ? demanda-t-elle incrédule.

Il éclata de rire avec soulagement.

— Dieu merci ! Je craignais que... vous ne me jugiez incorrect.

— Mais ce bijou est magnifique !

— J'ai d'abord cherché un diamant plus gros que celui que James vous avait offert. Puis j'ai eu conscience de ma stupidité. Alors, j'ai choisi un joli solitaire tout simple.

Folle de joie, Joanne l'étreignit, lui tendit sa main afin qu'il glissât l'anneau à son doigt. Leurs lèvres se rencontrèrent, et le jeune homme caressa la joue de sa compagne.

Elle s'écarta légèrement afin de lire dans ses yeux.

— Hans... c'est à cause de cela que vous avez fui précipitamment, hier ? Oh ! ne prétendez pas le contraire — j'ai reconnu le paquet. Chéri, vous aviez tous les droits de... d'être déçu. Je suis navrée d'avoir été dans un tel état.

— Vous n'en étiez pas responsable. Je suis au courant, à présent — et je n'ai pas l'intention de piquer une colère chaque fois que je vous verrai avec un autre homme. Je ne peux pas vous enchaîner à moi. Dans le cadre de votre profession, vous rencontrerez des gens... Mais cela ne signifie pas que je ne chercherai pas à être possessif ! rectifia-t-il en riant.

Elle souriait en se blotissant dans ses bras.

A la fin de ce voyage de quinze jours, les deux jeunes gens confièrent les touristes au patron de l'hôtel, et Hans loua une voiture pour une nouvelle escapade au chalet.

En arrivant, Hans s'inquiéta de la santé de sa mère, puis, sous le regard amusé de Mme Lindt, s'empara de la main de Joanne pour lui montrer la bague.

— Joanne a accepté, mère...

En souriant, Mme Lindt les embrassa tous les deux.

— Rien ne pouvait me rendre plus heureuse, Joanne. Hans vit trop solitaire depuis des années. Il aime le rude travail qui est le sien, mais il lui faut quelqu'un pour partager ses heures de loisirs, pour ébaucher des plans d'avenir. Sans partage, le futur ne compte pas.

— Depuis que j'ai fait la connaissance de Joanne, j'ai compris pourquoi tu m'encourageais à envisager autre chose que la compagnie, avoua Hans en souriant.

Elena fit entendre la seule note discordante de la journée lorsque, encore en retard pour le dîner, son regard tomba sur la bague de Joanne.

Nullement démonté, Hans parut rayonnant.

— Oui, Elena, félicite-moi, Joanne a accepté de devenir ma femme.

Les prunelles couleur d'acier de la jeune femme exprimaient la fureur.

— Compliments, Joanne, c'est une grande et rapide réussite !

Joanne se sentit rougir d'indignation et elle eut envie de quitter la pièce. Mais Hans posa une main sur la sienne pour la retenir. Madame Lindt hocha la tête d'un air approbateur ; et sourit.

Joanne prit son souffle et lança :

— Je vous remercie, Elena, je suis heureuse d'être l'élue de Hans.

Après, quand elle fut tête à tête avec Hans, elle exprima son agacement.

— Oh ! cette femme... Elle trouve toujours une phrase vexante à m'adresser !

— Ne vous laissez pas attrister par elle, tout le monde la connaît. Si elle n'était pas la mère de Kurt, je ne la garderais pas ici. Rappelez-vous que c'est vous que j'aime.

Joanne s'abandonna à la joie de cette seconde visite chez les Lindt jusqu'à leur départ le lendemain matin. La mère de Hans forma le projet de donner une grande fête pour leurs fiançailles lors de leur prochain séjour.

Pourtant, sur le chemin du retour, Joanne réalisa qu'elle était contente à l'idée de ne pas avoir à rencontrer Elena pendant deux semaines.

Certes, elle craignait un peu l'attitude future de la jeune femme envers elle. Mais surtout elle se rendait compte que jamais elle ne se fierait à elle. Elena avait quelque chose d'impitoyable, de totalement dénué de scrupules.

CHAPITRE VIII

Bien que le nouveau circuit débutât normalement et se poursuivît sans histoire jusqu'à Rome, Joanne ne put se débarrasser du pressentiment que quelque chose allait arriver à Hans.

Le jeune homme s'efforça de chasser cette idée en s'en moquant quand la jeune fille la lui confia, mais elle devina qu'il était lui aussi exaspéré par la succession d'incidents à laquelle ils avaient dû faire face.

Même la perspective d'être ensemble à Sorrente ne rassura pas la jeune fille.

— Vous allez reprendre l'avion pour la Suisse, n'est-ce pas, Hans ?

— Il se peut que, cette fois, je ne sois pas obligé de me rendre en Suisse... Un jour, petite madame, ironisa-t-il, vous ne craindrez plus rien pour moi ; néanmoins, je tiens à préciser que vous ne serez jamais en sécurité près de moi !

Sérieusement, pourtant, il lui recommanda de se tenir sur ses gardes.

— Je ne suis toujours pas persuadé que l'incident de Capri n'ait été dû qu'au hasard, observa-t-il.

Mais Joanne ne partageait pas cette opinion. Et

lorsqu'ils parvinrent à Sorrente, en réalité, elle avait écarté toute idée de préméditation, dans l'aventure qu'elle avait vécue. Ses blessures étaient à présent presque cicatrisées, et maintenant qu'elle était rétablie, la jeune fille n'avait plus qu'une préoccupation : découvrir l'auteur de la disparition des bagages. Mais pour mettre à exécution son idée, il fallait que Hans lui laissât le champ libre.

Enfin, au dîner, Hans se présenta en costume de ville. La jeune fille s'efforça de dissimuler son soulagement.

— Ainsi, vous retournez chez vous ? Embrassez tendrement votre mère pour moi, voulez-vous ?

— Il se peut que je... je n'aie pas la possibilité de la voir, répondit-il vaguement.

— Ah bon ? Et quand comptez-vous revenir ? demanda Joanne, espérant ne pas trop laisser paraître son inquiétude.

— Quoi vous me surveillez ? s'écria-t-il, amusé. Il sera bien temps de le faire quand je serai votre mari !

Elle tenta de rire à l'unisson, mais elle se sentait mal à l'aise. Pour une fois, elle avait follement envie de le voir partir, afin de passer à l'exécution de ses plans personnels.

*
* *

Le lendemain, elle prit son petit déjeuner bien avant ses touristes et quitta Naples après avoir réservé discrètement sa place dans un avion.

Elle arriva sous un triste petit crachin anglais, mais avec un peu d'avance si bien qu'à l'heure du déjeuner, un taxi la déposait dans Londres, à l'adresse qu'elle lui avait indiquée.

Regrettant de ne pas avoir consulté son miroir dans la voiture, elle se tapota les cheveux tout en franchissant rapidement les portes vitrées de l'immeuble. L'huissier la reconnut aussitôt.

— Bonjour, mademoiselle Kirkham, il y a longtemps qu'on ne vous avait pas vue ! Vous allez bien ? Je crois que monsieur James est dans son bureau, je vais l'avertir...

— Non, inutile, je vous remercie, je monte directement ! s'empressa-t-elle de répliquer avant de s'engouffrer dans l'ascenseur.

Rien ne devait l'empêcher de rencontrer James, dont par chance, la secrétaire partait déjeuner.

— Y-a-t-il quelqu'un avec monsieur James ? demanda Joanne après l'avoir saluée.

— Personne, mademoiselle.

Prenant son souffle, Joanne alla frapper à la porte.

— Entrez...

Elle s'immobilisa sur le seuil, attendant que James levât la tête. Il se donnait toujours l'air d'être absorbé par ses dossiers. Elle se dit que c'était une attitude ridicule, mais elle ne sourit pas.

— Grands Dieux, Joanne ! s'écria-t-il enfin avant de se ressaisir. Comme c'est gentil de me rendre visite... Assieds-toi.

— Je préfère rester debout, merci. Je n'en aurai pas pour longtemps.

— Quoi, Joanne, après tout ce temps... Assieds-toi, voyons. Que se passe-t-il ? Quel bon vent t'amène ?

— Je ne te fais pas une visite de courtoisie, James, rétorqua-t-elle en restant obstinément debout. En temps normal, tu ne m'aurais jamais revue, mais... je désirerais certaines informations...

Elle tira de son sac une coupure de journal qu'elle déposa sur le bureau.

James y jeta un coup d'œil, mais son visage demeura impassible.

— Eh bien ? fit-il.

— Qui t'a donné la nouvelle ?

— Je ne m'en souviens pas. Un de tes touristes, probablement.

— Cherche un peu, James, car je ne crois pas que ce soit là ta source d'information. Le numéro devait être à l'impression quand mes touristes sont arrivés à Londres.

— Ma petite chérie...

— Je ne suis pas « ta petite chérie » ni quoi que ce soit pour toi ! lança-t-elle furieuse avant de reprendre plus calmement : excuse-moi, mais demeurons sur un plan strictement professionnel, si tu le veux bien... James, je t'en prie...

Très homme d'affaires courtois, il se leva.

— Allons déjeuner quelque part où nous pourrons bavarder plus tranquillement.

Elle voulait refuser mais se ravisa. Il lui fallait jouer le jeu, au moins le temps nécessaire pour obtenir le renseignement.

Il l'emmena dans un restaurant très agréable, ce qui, en d'autres circonstances, aurait enchanté la jeune fille. Embarrassé, il relança la conversation.

— Joanne, tu sais qu'un journaliste ne révèle jamais ses sources...

— Tu n'es pas journaliste, tu ne cours pas toi-même après les histoires et les sujets.

— Oh ! ne joue pas sur les mots, répliqua-t-il en douceur, très serein. Et tu perds ton temps, car mes activités ne te concernent pas.

— Sauf lorsqu'elles anéantissent la vie laborieuse de gens qui te valent dix fois !

— Joanne, reprenons au moment où nous en étions quand tu es partie, fit-il, posant sa main sur celle de sa compagne assise en face de lui.

— C'était donc cela ! rugit une voix derrière Joanne. C'était la raison pour laquelle vous teniez à savoir si je me rendais en Suisse ! Vous me prenez décidément pour un parfait crétin !

Elle n'eut pas besoin de se retourner : elle ne pouvait pas ne pas reconnaître la voix fort mécontente de Hans !

Résolue à ne manifester nulle émotion devant les deux hommes, Joanne sortit de la salle en chancelant, descendit l'escalier et se fondit dans la foule qui se pressait à l'heure du déjeuner.

L'indignation l'entraîna dans le métro, puis dans un taxi et enfin à l'aéroport. Là, dans la foule anonyme, elle céda aux larmes.

Elle s'était quelque peu apaisée quand on appela les passagers. Tout en regrettant l'inutilité de sa visite à James, elle considérait avec une certaine philosophie le manque de coopération du jeune homme. Et elle ne s'en étonnait même pas.

Non, ce qu'elle ne supportait pas, c'était l'erreur de jugement que Hans commettait à son propos. Lui faisait-il si peu confiance pour croire qu'elle était allée se jeter au cou de James ? Dans ce cas, leurs fiançailles étaient bien injustifiées.

Désemparée, elle grimpa dans l'avion, choisit un siège près du hublot et s'assit en regardant, sans la voir, la piste.

Machinalement, et sans en prendre conscience, elle joua avec sa bague de fiançailles qu'elle fit tourner autour de son doigt. Elle déglutit péniblement. Elle ne voulait pas pleurer en public. L'avion peu à peu se remplissait — quelqu'un était venu s'asseoir auprès d'elle.

— Laissez cette bague tranquille pour l'instant. Ou retirez-la sinon vous risquez de la perdre.

Mon Dieu ! Elle n'avait jamais imaginé que Hans emprunterait ce vol !

— Hans, fit-elle d'une voix grinçante qu'elle ne reconnut pas, vous feriez mieux de la reprendre, puisque vous avez si mauvaise opinion de moi.

— Plus tard, si vous insistez ! riposta-t-il, étreignant d'une main glacée celle de Joanne. Mais je ne veux pas que d'autres assistent aux drames de mon existence !

Comme il ne la regardait pas, elle s'obstina :

— Comment avez-vous pu croire que je me faufilerais auprès de James pour renouer des liens anciens quand vous et moi...

— J'ai dit *plus tard*, Joanne. Il n'est pas question pour moi de discuter de mes affaires à bord de cet avion.

Un passager devant eux se tourna vaguement, hilare.

— Vous voyez, vous attirez la curiosité, fit observer Hans à mi-voix.

— Mais vous ne m'écoutez pas. Je veux que vous sachiez que je suis allée voir James dans l'intérêt de la compagnie !

— Si c'est exact, vous devez savoir que mes affaires ne sont pas du domaine public ; il est donc inutile de les répandre !

Attrapant un livre dans son attaché-case, il l'ouvrit, déterminé à mettre fin à toute conversation. Joanne remarqua cependant qu'il ne tourna pas une seule page avant l'atterrissage à Naples !

Bien que la nuit fût très avancée, la chaleur était étouffante quand ils sortirent de l'avion. Malgré lui, Hans se retrouva encore près de Joanne quand ils durent accomplir les formalités de douane.

— J'ai loué une voiture, dit-il, le ton neutre. Présumant que vous allez rentrer à l'hôtel — au moins pour me donner votre démission — autant que vous fassiez la route avec moi.

— C'est inutile, je vous remercie.

Le vol avait été éprouvant. Et si l'épreuve se prolongeait, Joanne risquait de ne plus pouvoir se maîtriser.

Il haussa les épaules, mais ne discuta pas.

Dès qu'elle eut passé la douane, Joanne se précipita dehors. Il n'y avait pas un seul taxi à l'horizon, pas plus que la moindre file de voyageurs guettant un de ces véhicules. Joanne repéra en revanche à l'étalage d'un marchand de journaux une manchette de journal annonçant justement une grève des taxis. La démarche lasse, elle se dirigea vers la sortie des cars. Il y aurait bien là un bus pour Sorrente, tout de même...

Une voiture freina près d'elle.

— Montez, même si c'est à contrecœur ! ordonna sèchement Hans. Mieux vaut être en ma compagnie que de faire le trajet à pied !

— Hans, il faut que vous m'écoutiez..., commença-t-elle vivement comme la voiture prenait de la vitesse.

— Bien, j'écoute, dit-il, apparemment aussi las que Joanne.

— Ma visite à James n'avait aucun motif personnel...

— Bien sûr, c'était pour toucher la pige de cet article qui relatait avec tant de talent la négligence d'une compagnie qui perd les bagages de ses clients !

— Arrêtez-vous immédiatement ! hurla-t-elle.

— C'est ce que je vais faire dès que ce sera possible. Car je ne veux pas risquer ma vie ou celle d'autres innocents pour le seul plaisir de vous livrer la sincère opinion que j'ai de vous !

Quelques secondes après, il obliquait, quittait la route, stoppait, se penchait devant Joanne pour verrouiller sa portière.

— Comme cela, vous ne partirez pas avant que j'en aie terminé avec vous ! grinça-t-il.

Joanne déglutit, luttant pour contenir des larmes qui ne tarderaient pas à couler sur ses joues.

— Je me demandais comment quelqu'un avait pu aussi rapidement faire parvenir la nouvelle à un journal anglais. Même ceux qui cherchent à ruiner la compagnie auraient dû pour cela disposer d'une filière particulière. Aujourd'hui, les pièces du puzzle se sont mises en place. J'ignorais auparavant l'influence de votre fiancé dans la presse...

— Hans ! J'aurais été incapable d'une chose pareille ! Je ne suis venue en Angleterre que pour essayer d'en apprendre davantage. Je savais que c'était le journal de James qui avait annoncé la nouvelle et je croyais pouvoir lui faire dire d'où il la tenait...

— Mais vous étiez là, main dans la main...

— Absolument pas ! Il m'a pris la main, oui, mais je n'y étais pour rien... il voulait...

— J'ai entendu, ce qu'il vous disait, alors inutile de feindre...

— Oui, mais vous ne connaissez pas la réponse que je lui réservais. Je venais de me mettre en colère parce qu'il refusait de me dévoiler ses sources d'information... Hans, pourquoi êtes-vous allé à Londres ?

— Moi aussi, je cherchais à découvrir des sources au journal.

— Et pourtant, vous refusez de croire que mon voyage était motivé par la même raison ! Ne pouvez-vous vous mettre dans la tête que je tiens désespérément à vous et à vos intérêts dans la compagnie ? Que je ferais n'importe quoi pour vous aider...

A la lueur du tableau de bord, le visage du jeune homme parut s'adoucir.

— Oh... ce serait trop facile ! soupira Hans. La vie n'est pas aussi simple. Et il y a la manière sournoise avec laquelle vous avez agi...

— Cette fois, vous dépassez les bornes ! vociféra Joanne, tout en se débattant avec le verrou de la portière.

Le regard froid, Hans lui étreignit la main.

— Pourquoi avoir dissimulé vos intentions, alors ?

— Si vous aviez été au courant, n'auriez-vous pas tenté de m'empêcher de partir ?

— Si.

— Maintenant, vous savez à quoi vous en tenir. De toute façon, je sais à présent à quel point vous m'estimez !

— Ce n'est pas cela. J'ai fait une méprise et...

— J'avais compris ! Et si vous espérez que je vais pardonner et oublier, vous vous trompez lourdement !

Cette fois, le verrou céda. Attrapant son sac, elle sortit précipitamment de la voiture, faillit perdre l'équilibre, se redressa et partit en courant.

— Revenez, Joanne...

Ignorant l'ordre, elle poursuivit sa fuite, trébuchant sur des touffes d'herbe sèche. Elle ne rentrerait pas à l'hôtel ce soir-là, elle s'arrêterait au village le plus proche. Dès le lendemain matin, elle ferait parvenir sa démission à Hans — par télégramme s'il n'y avait pas d'autre moyen.

Entendant la portière de la voiture claquer, elle accéléra sa course. Mais au moment où elle se tordait la cheville en butant sur une pierre, Hans la saisit par le bras et la fit pivoter face à lui.

— Ne me touchez pas ! hurla-t-elle.

Médusé, il la lâcha. Brièvement, leurs regards se rivèrent l'un à l'autre, et chacun des deux jeunes gens s'interrogea sur ce qui allait se passer ensuite. Joanne remarqua que Hans était bouleversé. Mais elle l'était également.

— Vous vous imaginez qu'il vous suffit de m'appeler pour que j'obéisse n'est-ce pas ? persifla-t-elle.

Furieuse, elle lui cogna la poitrine à coups de poings, mais il demeura immobile. Sous l'éclat des phares d'une voiture qui les croisa, elle vit ses yeux briller.

— Vous êtes vaniteux, arrogant...

— Oh oui ! arrogant au point que je ne suis pas toujours sûr que vous m'aimez, que vous m'acceptez...

— Vous accepter ? balbutia-t-elle, troublée.

— Je redoutais d'apprendre que, comme les autres, vous recherchiez autre chose. Que je ne devais votre affection qu'à ma situation de patron et à ma fortune ! Je m'étais répété que vous étiez la seule précisément à ne pas vous en soucier — mais n'étais-je pas en train de me leurrer ? Etait-ce vraiment moi que vous vouliez ?

— Vouloir ? répéta Joanne, si surprise qu'elle en oubliait son agressivité.

Hans la saisit contre lui et pressa ses lèvres contre les siennes.

— Oui ! Je veux savoir que c'est moi que vous voulez, moi dont vous avez besoin...

La tenant par la taille, il l'entraîna vers la voiture sans qu'elle pût lui échapper. Notant qu'elle chancelait, il la porta dans ses bras.

— N'imaginez pas que vous pourrez à nouveau me fuir, car vous n'iriez pas loin.

Il l'embrassa avec passion, et elle lui rendit ses baisers. De longues minutes de tendresse s'écoulèrent.

*
* *

Dès le lendemain matin, Joanne s'avéra gaie, animée, volubile, à la plus grande joie de Hans.

Ils déjeunèrent avec leurs touristes dans un hôtel au bord de la mer. Ils s'éloignaient, main dans la main, quand Neville vint à leur rencontre. Il adressa à Joanne un sourire rayonnant, gratifia Hans d'un coup d'œil froid, demanda à la jeune fille si elle était guérie de ses blessures.

Elle s'apprêtait à présenter les deux hommes quand Hans s'éloigna rapidement en direction de la plage.

— Je vais bien, à présent, merci, répondit-elle à Neville. Merci également de vous être occupé de moi avec tant de sollicitude.

— C'était le moins que je puisse faire !

Il s'appuya à une vitrine de magasin, proche, comme pour témoigner de son intention de s'attarder, et prenant la main gauche de la jeune fille, scruta sa bague.

— Ah ! ce n'est pas celle que vous portiez lors de notre première rencontre !

— Rien ne vous échappe !

— Je m'efforce d'ouvrir l'œil ! Qui est l'heureux élu, Joanne ?... est-ce ?...

Il désigna d'un signe la plage où l'on distinguait aisément la tête blonde de Hans parmi celles, brunes, des nombreux Italiens.

— Cela a de l'importance ?

— Bien sûr, excusez-moi d'être quelque peu jaloux de ne pas être celui-là !

Le ton était convaincant, mais Joanne décida d'en rire — et Neville l'imita.

— Eh bien... tant mieux si vous avez obtenu ce que vous désiriez, conclut-il, beau joueur.

Elle l'abandonna pour rejoindre précipitamment Hans.

— Joanne, je crois que vous auriez intérêt à éviter cet individu... commença-t-il sévèrement.

— Mon amour, cette rencontre n'était due qu'au hasard, voyons ! Je ne pouvais pas feindre de ne pas le voir ou le reconnaître. Rappelez-vous, c'est lui qui m'a ramenée après l'agression du chien...

— Vous n'êtes pas obligée de faire tant de civilités quand vous le croisez !

Elle soupira. C'était grotesque — hier James, aujourd'hui Neville. Mais Hans enchaîna :

— Vous m'avez demandé ce que je lui reprochais, je ne peux hélas ! pas encore vous le confier. Sachez seulement que j'en sais assez pour me méfier de lui... Evitez-le, je vous en prie...

— Mais je n'ai pas l'intention de le revoir, à moins que votre stupide jalousie ne m'y pousse !

— De la jalousie ? C'est bien autre chose. J'ai peur pour votre sécurité.

— C'est ridicule ! se récria-t-elle. Vous réagissez de la sorte chaque fois qu'un homme m'adresse la parole, avouez-le honnêtement...

Mais il la troubla en se taisant. Laissant choir sa serviette sur le sable, il parcourut la plage et se jeta dans les flots avec une espèce de fureur.

Lorsqu'il revint, cependant, il avait apparemment

récupéré sa bonne humeur et il insista pour emmener la jeune fille en taxi à Ravello.

Il lui entoura les épaules de son bras tandis qu'ils contemplaient côte à côte la baie de Salerne.

— Je vous en prie, Joanne, écoutez-moi bien. Je redoute que quelque chose ne vous arrive. Au cours de cette saison, nous avons été victimes de tant d'incidents désagréables... C'est la vie que je veux partager avec vous, des spectacles de ce genre, d'une beauté à couper le souffle, ainsi que tous les détails quotidiens qui composent l'existence, ajouta-t-il dans un baiser.

Debout là près de lui, Joanne comprit qu'elle avait les mêmes aspirations. Elle sourit à Hans.

— Oui, ce serait, c'est merveilleux !

Et en regagnant Amalfi et les touristes, elle se sentit à nouveau pleine d'allégresse.

*
* *

Les journées suivantes leur semblèrent idylliques. Joanne trouva très agréable de travailler avec Hans, d'appartenir à cette compagnie qui avait pour lui tant d'importance.

A présent, elle n'imaginait pas un autre style d'existence. Elle espérait qu'une fois devenue sa femme, Hans ne s'opposerait pas à ce qu'elle gardât son emploi. Elle devinait néanmoins qu'elle aurait du mal à le convaincre. Elle avait l'intention de lui suggérer cette idée dès que leurs fiançailles seraient officielles.

Or, la réception pour leurs fiançailles était maintenant proche. Joanne s'était offert à Sorrente une merveilleuse robe, en soie abricot, et elle était en train de la décrire à Hans tandis qu'ils se dirigeaient vers leur hôtel de Florence quand le jeune homme s'immobilisa brusquement.

— Regardez ma voiture... là-bas...

— Vous en êtes certain ?

— Oh ! je la connais ! Tenez, d'ailleurs, il y a l'écusson de la compagnie sur le radiateur, ajouta-t-il en passant devant le véhicule.

Le front soucieux, il pénétra dans l'hôtel où la jeune fille le suivit.

Délicieusement vêtue d'un tailleur pantalon marine, Elena quitta le fauteuil où elle était confortablement installée.

— Cher Hans, j'ai des ennuis avec Kurt, annonça-t-elle en lui tendant sa joue à baiser. Tu sais comme il peut être capricieux.

Elle ignora délibérément Joanne qui était restée discrètement à l'écart. Mais Hans se tourna vers elle, l'attira à son côté, Elena, cependant, continua à s'adresser à lui seul.

— Hans, veux-tu faire quelque chose pour moi ?

— Quoi donc ? fit-il, sèchement.

— J'ai amené Kurt chez des amis à Fiesole. Voudrais-tu aller l'y voir demain ? Lui parler ? Toi, il t'écoute, il a infiniment d'affection pour toi.

— Voyons, Elna, tu sais que j'ai un programme chargé.

— Tu peux bien accorder quelques minutes à ta famille. Tu n'en auras pas pour longtemps, c'est pour cela que je t'ai amené la voiture.

— D'accord, j'irai voir Kurt. Donne-moi l'adresse... Nous quittons Florence demain, je m'occuperai de cette affaire après le petit déjeuner.

Il tendit la main, attendant le papier.

— Oh !... s'exclama Elena après avoir fouillé son

sac. J'ai dû l'oublier là-haut. Allons le chercher, Hans.

— Là-haut ? Parce que tu ne résides pas chez tes amis ?

— Non. Kurt a besoin d'être séparé de moi. Mais viens chercher cette adresse, je suis épuisée.

Il s'apprêtait à la suivre, et Joanne se dit qu'il avait oublié sa présence. Mais il se tourna pour l'embrasser vivement.

— Dormez bien, chérie, je vous verrai demain au petit déjeuner.

Elle n'était pas endormie quand la sonnerie du téléphone retentit près de son lit. Etouffant un bâillement, elle décrocha.

« — Oui ? »

« — Joanne... dit la voix gênée de Hans. Puis-je vous demander un service ? »

« — Cela dépend ! » riposta-t-elle en riant.

« — Accompagnez-moi à Fiesole. J'ai le pressentiment qu'Elena mijote un mauvais coup. »

« — Quoi ! Que voulez-vous dire ? »

« — Je ne sais pas exactement. »

« — Très bien, je viendrai. A quelle heure, voulez-vous ? »

« — Tôt. Juste après le petit déjeuner, nous filerons dès que vous vous serez assurée que tout le monde est au courant de l'heure de départ de Florence. Nous n'aurons que le temps de nous rendre à Fiesole et de revenir. »

*
* *

— Qu'avez-vous en tête, précisément ? insista Joanne quand elle fut près de Hans dans la voiture le lendemain matin. A propos des manigances d'Elena ?

— Je l'ignore. Une impression, simplement, et avec

le jour, elle s'efface peu à peu. De toute façon, vous êtes avec moi. A défaut, cela prouvera à tous de quel côté vous êtes.

— Et si cela peut vous rassurer, Elena n'est pas tapie sur la banquette arrière, riposta Joanne en jetant un coup d'œil derrière elle.

S'appuyant sur le repose-tête, elle se dit qu'elle était contente de passer une ou deux heures seule avec Hans.

En ville, il faisait déjà terriblement chaud. Joanne chercha dans son sac un mouchoir pour s'essuyer les mains. Elle avait toujours le sentiment qu'à Florence, la chaleur était plus pénible qu'ailleurs.

Enfin, ils atteignirent la campagne où l'atmosphère était plus fraîche.

— Mon Dieu ! s'écria Hans en freinant brutalement.

Joanne fut projetée en avant, puis retenue par la ceinture de sécurité. Une voiture avait surgi sur la gauche. Hans ne pourrait pas éviter la collision...

L'affreux bruit de métal froissé sembla se prolonger interminablement cependant que la voiture adverse percutait celle des deux jeunes gens. Joanne poussa un hurlement quand la glace de la portière côté conducteur se brisa et que son armature s'enfonça.

Pourtant, l'autre véhicule força son passage, arrachant au passage le capot et les phares de la voiture de Hans, avant de s'éloigner rapidement.

— Hans ! appela Joanne qui se libérait de la ceinture.

Les yeux clos, il se mordait la lèvre pour étouffer une plainte. En vain, Joanne s'efforça de le dégager, mais il était bloqué entre la portière défoncée et le volant.

Et Joanne était seule, il n'y avait personne en vue. Elle perdit encore de précieuses secondes en se débattant de ses mains ensanglantées, pour sortir de l'épave et passer de l'autre côté. Là, ce fut plus facile — la portière de Hans pendait sur ses gonds, Joanne n'eut qu'à tirer pour la faire tomber.

Le jeune homme poussa un soupir et appuya sa tête contre le volant.

— Merci ! chuchota-t-il, la voix rauque. Laissez-moi un instant, ça va aller.

Joanne l'aida à glisser à bas de son siège — il respirerait mieux à l'extérieur. Accroupie près de lui, elle lui déboutonna sa chemise en douceur, lui palpa les côtes. Il grimaça. Par chance, il ne semblait souffrir que de contusions sans gravité.

— Ouf ! s'exclama-t-il, secouant la tête comme pour dégager ses esprits. Je reviens de loin !

— En effet ! marmonna-t-elle en reboutonnant la chemise. Enfin, je pense que vous n'avez pas de côtes cassées. Mais je préférerais que vous consultiez un médecin, le plus rapidement possible.

— Non, c'est inutile.

— Il est plus prudent que vous passiez une radio...

— J'ai dit non ! répliqua-t-il fermement. Nous n'avons plus le temps maintenant d'aller à Fiesole et nous allons retourner à Florence. En admettant que cette voiture soit capable de faire le trajet.

Ensemble, ils inspectèrent les dommages. Une portière arrachée, la carrosserie abîmée sur tout un côté, et un pneu qui se dégonfla sous leurs yeux. Hans étouffa un juron — et héla le premier automobiliste qui ralentit près d'eux depuis l'accident. Un coup d'œil au véhicule en lambeaux, et l'homme accepta de les conduire à Florence.

Tout le long de la route, Joanne observa Hans avec inquiétude, mais si de temps à autre le jeune homme changeait de couleur, il récupérait peu à peu. Le conducteur qui les avait secourus proposa de les déposer à l'hôpital, mais Hans refusa.

— Je m'y ferai conduire de l'hôtel, en taxi, affirma-t-il.

Joanne soupira, incapable de croire qu'il était sincère. Une fois à l'hôtel, elle tenta encore de le convaincre de se faire soigner.

— Je vous en prie, Joanne, ne discutez pas, je vais très bien, rétorqua-t-il en se précipitant dans le hall de l'hôtel.

Sortant de la salle à manger, Elena se figea sur place.

— Hans !

— Excuse-moi, il nous a été impossible de nous rendre chez tes amis, nous avons eu un petit empêchement ! railla le jeune homme.

Marchant à ses côtés, Joanne observa Elena. D'après l'expression de celle-ci, on aurait pu croire qu'elle se trouvait nez à nez avec un fantôme.

CHAPITRE IX

Avec l'aide du personnel de l'hôtel, Joanne installa ses touristes et leurs bagages dans le car. Elle avait obtenu de Hans qu'il allât se reposer pendant la demi-heure qui restait avant le départ.

En voyant reparaître Hans, elle fut soulagée de constater qu'il avait l'air mieux, bien qu'il eût consacré une partie de sa demi-heure à téléphoner pour déclarer l'accident et prendre des dispositions pour faire dépanner son véhicule.

— Pour la voiture, un long délai sera nécessaire, car les dégâts sont sérieux, annonça-t-il. Mais cela aurait pu être pire...

— Effectivement !

— Quel choc quand je me suis aperçu dans une glace ! Pas étonnant qu'Elena ait réagi de cette façon !

— Vous ne semblez pas encore en état de piloter le car.

— Dites moi, qui est le patron ici ? C'est moi qui conduirai jusqu'à Thun, point final.

— Pourvu que ce ne soit pas votre point final ! Il y a eu décidément trop d'incidents, ces dernières semaines.

— Je partage votre opinion. Et j'ai fourni tous les

détails à la police. Laissons-la à présent faire son travail, voulez-vous ?

— Je tiens seulement à ce que vous restiez vivant et en forme ! Si cela continue, vous ne résisterez pas jusqu'à notre mariage !

Hans se mit alors à chantonner, visiblement pour mettre fin au dialogue.

Lorsqu'ils firent une pause, un peu plus tard, il entraîna Joanne à part.

— Ne gardez pas cette mine soucieuse. Je vais bien et je vous ai donné satisfaction, puisque j'ai contacté la police.

— Hans, vous croyez sincèrement que cette collision était un banal accident ?

— Je suis convaincu du contraire ! La voiture a foncé droit sur nous alors qu'elle aurait dû nous laisser la priorité. J'ai vu les yeux du conducteur, quelques dixièmes de seconde avant le choc ; et ils ne renfermaient pas d'autre émotion que la détermination.

— Hans, ils vous auront, ils vont vous...

— Calmez-vous ! ordonna-t-il en la saisissant par les épaules. Je sais ce que vous devez éprouver, Joanne. Mais votre angoisse ne peut que me gêner. J'ai besoin de garder la tête froide, c'est le seul moyen de résister à ces bandits !

Elle comprit qu'elle ne parviendrait pas à le persuader de prendre des précautions. Mais elle se rassura en se répétant qu'ils lutteraient ensemble pendant les quelques jours suivants. De plus, la saison touchait à sa fin.

*
* *

Habitués à une certaine routine à l'hôtel de Thun, ils eurent tôt fait de tout organiser et de partir dans une voiture de location, avec la bénédiction du patron.

Hans semblait rétabli après l'accident du matin.

En arrivant au chalet, il fit un détour par le garage dans lequel se trouvait une voiture frappée de l'insigne de la compagnie. Hans examina le véhicule, tapa sur les pneus.

— Il faut que je le fasse vérifier, parce que nous en aurons besoin pour notre voyage de noces. Ma voiture ne sera pas réparée à temps.

Quelques minutes après, Mme Lindt leur ouvrait elle-même la porte et les étreignait tour à tour.

— Tu vois, Hans, j'avais résolu de te prouver comme je me sens bien aujourd'hui. Entrez tous les deux, les nuits d'automne sont fraîches dans notre contrée...

Après avoir été présentée à une vingtaine d'invités, Joanne eut la surprise de découvrir Elena bavardant dans un coin avec Kurt près d'elle. Elle se dirigea vers la jeune femme, décidée à tout faire pour améliorer leurs relations, ne serait-ce que pour satisfaire Hans.

— Mais Kurt et vous semblez les meilleurs amis du monde ! s'écria-t-elle, avec chaleur, espérant qu'elle ne se trompait pas, car Kurt témoignait à sa mère son indifférence habituelle.

— Euh... oui, répondit Elena après une hésitation peut-être due à l'usage de la langue anglaise. C'était idiot d'aller déranger Hans, n'est-ce pas ? Mon fils n'a besoin que de sa mère, et un jour de séparation l'en a convaincu.

Les invités ne cessaient d'arriver, et Joanne calcula bientôt qu'il devait y en avoir une cinquantaine.

— Non, quarante, rectifia Hans. Le chalet n'en

contiendrait pas davantage. Mais Maman est si heureuse de nos fiançailles qu'elle a tenu à manifester sa joie à tous.

La soirée se déroula dans un tourbillon de gaieté amicale. Joanne était touchée de la gentillesse qu'on lui témoignait, mais plus encore de la joie qui animait le visage de Hans.

Comme s'éteignaient les dernières notes, Hans emmena la jeune fille dans son bureau.

— J'ai beaucoup à vous dire ce soir et je craignais de ne pas en avoir le loisir, chuchota-t-il en refermant la porte. Il y a déjà un moment que nous sommes fiancés et je n'ai pas eu l'occasion de vous parler en détails de notre avenir.

Il la fit asseoir et resta debout, la contemplant.

— J'ai l'intention d'acheter pour nous un chalet plus petit à proximité.

— Mais je pensais que...

— Que nous vivrions ici ? Naturellement, maman en serait ravie, et la maison est assez spacieuse pour que nous ne nous gênions pas mutuellement. Cependant, je sais que vous ne sympathisez pas avec Elena — et je suis comme vous. Mais elle est ici chez elle. Nous ne pouvons pas la mettre dehors. De plus, je suis très attaché à Kurt.

Il sourit, lui tendit les mains pour qu'elle se levât et vînt dans ses bras :

— Joanne, ces premiers mois de vie conjugale seront d'une importance capitale. Il faut que rien ne vienne les gâcher... Aussi, ma chérie, nous disposerons de notre foyer à nous. Si un jour la situation se modifie, nous pourrons nous installer ici.

— Vous voulez dire si Elena se remarie ?

— Oui, pourquoi pas ? Elle est très séduisante ! s'écria-t-il en riant.

La plaisanterie était malheureuse. Elle sema le trouble dans l'esprit de Joanne.

*
* *

Elle dormit cette nuit-là, d'un sommeil agité. Après une douche rapide, l'esprit plus clair et serein, elle sourit de la jalousie qui l'avait tourmentée la veille. Elle chantonna même en emballant ses affaires dans son sac de voyage avant de descendre pour le petit déjeuner.

Livide, les traits tirés, Mme Lindt était seule à table.

— Bonjour, ma petite fille. J'ai décidé que je déjeunerais avec Hans et vous avant votre départ.

— C'est très gentil à vous, mais vous ne devriez pas vous surmener...

— Ce n'est pas le cas ! Sitôt que vous serez partis, je retournerai dans mon lit !... Vous savez, je suis contente de pouvoir bavarder seule avec vous. Hans m'a expliqué que vous habiteriez tous les deux dans un autre chalet — et c'est une décision raisonnable. Oh ! bien sûr, j'aurais aimé vous avoir ici, mais je suis convaincue que vous ne me négligerez pas ! Hans s'est montré le plus merveilleux des fils, faisant le trajet en avion chaque semaine pendant ma maladie. Et vous, chère Joanne, je vous considère déjà comme la fille que je n'ai jamais eue...

Joanne lui sourit avec tendresse et émotion.

— Bon, ce n'était pas cela dont je voulais vous parler, et il faut que je me hâte, car Hans ne va plus tarder, enchaîna Mme Lindt, Mathilde est partie le chercher. Je tiens à ce que vous sachiez que le chalet vous reviendra un jour à tous les deux, Hans et vous, ma chérie. J'ai rédigé un nouveau testament. J'ai prévu que l'on construirait dès que possible dans le domaine une petite maison à l'intention d'Elena et de Kurt.

— Oh ! je ne voudrais pas en être responsable, ce ne serait pas gentil...

— Pas gentil ! Mais vous ignorez ce que cette femme a fait à notre famille ! se récria Mme Lindt, les yeux emplis de larmes de rage. Depuis que j'ai fait sa connaissance, Elena me hait. Oui, elle me hait, je vous assure ! Dès l'instant qu'elle a vu le chalet, elle a résolu de l'habiter. Je l'y ai... tolérée, mais il y a si longtemps que Klaus est mort maintenant. Je ne manifeste de la politesse ou de la charité que par égard pour l'enfant. Moyennant quoi, mon petit, ne réclamez pas de moi de la générosité vis-à-vis d'Elena...

Mathilde surgit, le front soucieux.

— Monsieur Hans n'est pas là, madame.

— Comment cela ?

Les deux femmes se levèrent d'un même mouvement. Mathilde secoua la tête.

— Il a couché dans son lit, mais il n'est plus dans la maison. Peut-être est-il sorti...

— Il ne serait jamais parti sans avaler un café et un croissant. Même dans son enfance, il ne disparaissait jamais sans manger quelque chose.

Joanne soupira et regarda sa montre.

— S'il n'arrive pas bientôt, il faudra que je parte sans lui.

Elle sentait l'impatience la gagner — avec l'angoisse. Une complication imprévue alors que le travail l'attendait après cette nuit de fête, c'en était décidément trop. Une idée lui vint :

— Il est peut-être descendu au garage.

Elle se précipita, rafla au passage la clé du garage que lui tendit Mathilde et courut sous l'averse.

Le véhicule avait disparu lui aussi.

— Je ne saisis plus, avoua Mme Lindt quand Joanne

lui apprit la nouvelle. Il ne partirait pas ainsi sans vous et sans prévenir. En abandonnant la voiture de location !

— Je pourrai au moins retourner à l'hôtel, grâce à elle, murmura Joanne. Attendez que je récupère Hans ! J'ignorais qu'il aimait les farces, bonnes ou mauvaises — or, celle-ci ne me plaît pas du tout ! Je me suis assez inquiétée à son sujet ces temps-ci...

Se rappelant que Mme Lindt ignorait probablement tout des incidents dont son fils et la société avaient récemment été victimes, elle n'insista pas.

— Excusez-moi, mais il faut que je parte. Je n'ai pas l'habitude de piloter ce genre de voiture ni de rouler sur les routes de montagne.

— Joanne, c'est imprudent, protesta sa future belle-mère.

— Ne vous tracassez pas...

— Non, écoutez... je vais appeler Elena, c'est elle qui vous conduira, elle est habile conductrice.

— Je ne voudrais pas la déranger...

— Et moi, j'insiste.

La mère de Hans était déjà dans l'escalier où attendait Mathilde. Quelques mots chuchotés, et la femme de charge monta les marches.

Joanne se détourna, décidant de gagner du temps en rangeant son sac dans la voiture.

Peu après, Mme Lindt parut sur le perron, le visage énigmatique.

— Elena n'est pas dans sa chambre, fit-elle, la voix bouleversée.

Joanne se sentit partagée et torturée par l'envie de rassurer cette femme fragile et la nécessité de retourner à l'hôtel. Retenant un soupir, elle prit Mme Lindt par les épaules.

— Ne vous inquiétez pas, il doit y avoir dans tout

cela une explication très simple, vous verrez. Le moment venu, si nous n'avons pas de nouvelles, Mathilde contactera la police. Mais je suis persuadée que nous connaîtrons le fin mot de l'histoire avant cela. Je vous téléphonerai de l'aéroport si je ne sais rien avant.

La mère de Hans hocha la tête, incapable d'articuler un mot.

— Je suis navrée, mais je dois m'en aller, dit Joanne.

— Bien sûr. Prenez soin de vous, ma chérie, insista-t-elle en étreignant la jeune fille.

Joanne courut vers la voiture — avant de se donner le temps de changer d'avis.

En sillonnant les routes de montagne, elle se refusa à songer à autre chose qu'à la conduite, s'efforçant de chasser de son esprit l'espoir insensé que Hans serait à l'hôtel avant elle.

Mais il n'y était pas, bien sûr.

On était à un quart d'heure du départ, et les touristes s'étaient groupés près de la réception. Le patron de l'hôtel avait fait rassembler par son personnel tous les bagages.

Son cœur battit la chamade. Elle reprit son souffle et s'approcha du comptoir de la réception.

— Je suppose... que vous n'avez pas eu de nouvelles de Hans ?

— Non. Il n'est pas avec vous ?

Elle secoua la tête et se précipita vers le téléphone.

Le bureau lui promit de lui envoyer un chauffeur de remplacement dans la demi-heure suivante.

Durant le trajet, Joanne repensa à l'appréciation de Hans sur Elena. Se pouvait-il qu'il eût finalement jugé Elena irrésistible ? Non, elle se refusait à le croire ! Et pourtant, comment expliquer alors la disparition simultanée de Hans et d'Elena ?

Plusieurs fois, elle tenta de consacrer uniquement son attention à ses touristes qu'il fallait occuper pendant leurs dernières heures de vacances. Elle fut soulagée quand ils émirent l'envie de faire des emplettes dans les magasins. Et finalement elle se retrouva seule, cherchant toujours à comprendre. Car Hans lui avait déclaré qu'il l'aimait, il lui avait prouvé la veille encore qu'il souhaitait l'épouser. Elle devait lui faire confiance. Il avait une raison de s'être ainsi envolé avec Elena.

Hébétée, misérable, elle erra près du lac. Soudain, remarquant une cabine téléphonique, elle s'y précipita pour téléphoner au chalet Lindt.

Mathilde répondit et lui apprit, que, bouleversée, sa maîtresse avait reçu l'ordre de garder la chambre.

— Des nouvelles de Hans, Mathilde ? Ou d'Elena ?

— Rien, mademoiselle, je suis désolée. Peut-être pourriez-vous rappeler plus tard...

— Naturellement, je téléphonerai ce soir de l'hôtel... Au fait, Kurt s'inquiète-t-il de l'absence de sa mère ? demanda-t-elle, se rappelant l'existence du neveu de Hans.

— Oh... non ! Je ne devrais pas le dire, mais ce petit n'aime pas beaucoup sa mère. Non, ce qui tracasse Kurt, c'est que son oncle Hans soit parti sans lui dire au revoir.

Nerveuse, Joanne retourna flâner au bord du lac. Soudain une voiture survint. Quelque chose dans la façon de conduire du pilote attira l'attention de la jeune fille.

L'inconnu portait une saharienne blanche qui lui rappela Neville.

Oh ! si seulement c'était lui ! Neville pourrait lui

donner un conseil, ou du moins apporter un répit à son anxiété !

La voiture s'arrêta, le conducteur se gara et mit pied à terre — c'était bien Neville.

— Joanne ! s'exclama-t-il, la main tendue en s'avançant vers elle.

— Oh ! Neville, que je suis contente de vous voir !

La tenant par la main, il l'amena à un banc proche.

— Qu'y a-t-il, ma chère amie ? Rien de grave, j'espère ?

— Aidez-moi, je vous en supplie ! Hans a disparu, je ne parviens pas à le retrouver.

Neville ne manifesta aucun étonnement, et elle se demanda s'il l'avait bien comprise.

— Il faut que je le rejoigne, dit-elle. Sa mère est malade, et l'angoisse pourrait la tuer. Et puis... Elena aussi est partie, acheva-t-elle, balbutiante... Voyons, dites quelque chose ! s'écria-t-elle, constatant qu'il se taisait. Il y a des heures que j'attends de pouvoir parler à quelqu'un et maintenant, vous ne...

Elle éclata en sanglots et ne put poursuivre.

— Ecoutez, mon petit, je suis dans une situation délicate. Vous savez ce que j'éprouve pour vous — et je n'ignore pas vos sentiments pour Hans... Depuis quand est-il absent ?

— Il a dû partir entre trois heures du matin et le petit déjeuner.

— Aujourd'hui ? Votre affolement me paraît quelque peu prématuré... Vous rappelez-vous ce que je vous ai révélé récemment, Joanne ? Ou avez-vous préféré oublier mon avertissement ?

Elle le fixa, l'air interrogateur. Il paraissait sincèrement soucieux.

— J'ai attiré votre attention sur les rumeurs qui couraient sur les relations de Hans avec sa belle-sœur. J'ai essayé de vous décourager... D'accord, c'était en partie parce que j'espérais vous intéresser à moi. Mais c'était aussi parce que... je ne voulais pas que vous souffriez.

Maintenant embarrassée, puisqu'elle n'était capable de penser qu'à Hans, elle tenta de retirer sa main, mais Neville resserra l'étreinte de ses doigts.

— Alors, vous voulez de l'aide ? capitula-t-il en souriant. Je ferai ce que je pourrai, et vous le savez. N'oubliez pas que j'ai des contacts dans l'Europe entière.

— Vous êtes un véritable ami, Neville, je ne l'oublierai pas.

— Bon... Par où commence-t-on ?

— Je n'en ai pas idée, je comptais sur une suggestion de votre part.

— Est-il parti de l'hôtel ?

— Non. Hier soir... nous avons célébré dans le chalet appartenant à sa famille... nos fiançailles.

— Mon pauvre amour ! fit-il en lui serrant la main.

A nouveau et d'instinct, Joanne eut un geste de recul. Mais Neville se montrait bon et il s'apprêtait à l'aider. Elle se devait de ne pas se défendre contre cet homme, ne serait-ce que pour ne pas le vexer.

— Avez-vous signalé la disparition de Hans ?

— Pas encore, il était trop tôt quand j'ai quitté le chalet. Mais on le fera là-bas si Hans ne reparaît pas... Je viens de téléphoner à ma future belle-mère, qui n'avait reçu aucune nouvelle.

— Il peut s'écouler quelque temps avant qu'il y en ait ; des semaines, Joanne, si Hans et Elena... enfin, vous comprenez...

— Certainement pas ! déclara Joanne, véhémente. Je le connais, il n'est pas parti avec elle !

— Depuis quand le connaissez-vous ? Et jusqu'à quel point ? Admettons, fit-il devant le désarroi de la jeune fille. Supposons qu'il avait des raisons de s'éclipser, sans même prévenir sa mère souffrante. A votre avis, où serait-il allé ?

— Je l'ignore, confessa Joanne, désespérée.

A entendre Neville, la fuite de Hans avec Elena apparaissait de plus en plus vraisemblable.

— Et voilà !

Là, c'en était trop, et Joanne bondit sur ses pieds.

— Excusez-moi d'avoir été brutal, mais il fallait vous ouvrir les yeux, enchaîna le jeune homme. Dans le fond, vous connaissez peu Hans, Joanne. Et pour le moment, vous ne pouvez rien.

— Rien ? répéta-t-elle, désorientée.

— Vous ne pouvez pas le suivre puisque vous ignorez dans quelle direction il est parti.

Comme elle ne répondait pas, il reprit gentiment :

— Combien de temps resterez-vous ici ? Quand finit la saison ?

— Bientôt. Nous devions nous marier sitôt la saison touristique achevée.

— Oui, mais quand a lieu le dernier voyage ?

— Le groupe arrive aujourd'hui, et je dois rejoindre mes touristes pour le déjeuner avant de les déposer à l'aéroport, poursuivit-elle après un regard à sa montre. Il faut même que je me dépêche...

— Bien, je me mets en route, affirma Neville en lui lâchant la main. Laissez-moi faire, Joanne. Je vous promets de mener une enquête. Je garderai le contact avec vous. Vous descendrez dans les hôtels habituels ?

— Oui... Merci, Neville, je ne sais pas ce que je deviendrais sans vous.

Elle le regarda s'éloigner. Hans avait mal jugé le

jeune homme. Neville était bon, plein de sollicitude, complaisant.

*
* *

Tout en se déshabillant ce soir-là, Joanne se dit qu'elle allait connaître l'enfer pendant les quinze jours à venir.

L'après-midi et la soirée lui avaient paru interminables. La jeune fille s'était efforcée de maîtriser ses sentiments pour s'intéresser à ses touristes et les installer à l'hôtel. Elle avait également été obligée de se montrer sociable, de dissimuler l'angoisse terrible qui l'étreignait depuis qu'elle avait appris par téléphone que Hans n'avait pas donné de ses nouvelles au chalet. Comment tiendrait-elle le coup pendant toute la durée du circuit si rien ne venait alléger son anxiété ? Elle envisageait mal la perspective d'une journée semblable, et elle pressentait que, sans nouvelles, son inquiétude ne ferait que croître.

Elle soupira. Elle avait néanmoins un travail à accomplir...

Chaque jour elle téléphona à Mme Lindt — et chaque jour, elle se retrouva ensuite plus bouleversée. Elle ne cessait de se répéter que Neville se trompait, qu'elle connaissait Hans suffisamment pour être persuadée qu'il ne l'aurait pas abandonnée pour Elena.

*
* *

Lorsque le car arriva à Rome, Neville attendait Joanne. Croyant qu'il avait du nouveau, Joanne reprit courage — pour s'assombrir à nouveau quand le jeune homme secoua négativement la tête. Il insista pour la sortir durant son séjour et prétendit qu'il la comprenait quand elle se révéla incapable de se détendre ou de sourire. Quand ils se séparèrent, il promit de reprendre contact avec elle à Sorrente.

Quand Joanne arriva dans cette ville, sa gorge se noua. Oui, Hans et elle avaient eu des différends, ici, mais ils y avaient été simplement heureux parce qu'ils étaient ensemble. A présent, elle ne pouvait compter que sur Neville pour traverser cette épreuve sans s'effondrer. Et tel un véritable ami, il était disponible quand on avait besoin de lui, s'éclipsant quand Joanne avait envie de solitude.

A Florence, Joanne décida de faire un effort, pour se montrer gaie et enjouée. Elle feignit consciencieusement d'être intéressée quand ils flânèrent dans le marché. Elle pensait sincèrement qu'elle avait réussi à lui donner le temps, lorsqu'au moment de la quitter, le jeune homme lui dit :

— Aujourd'hui, vous avez tenté de vous montrer calme et détendue, Joanne, mais cela ne prend pas avec moi, ma chère amie. Je sais qu'il vous faudra un long délai pour admettre ce qui est arrivé.

— Neville, vous parlez comme si nous ne pouvions plus rien faire. Vous m'aviez pourtant promis de m'aider à retrouver Hans...

— En effet. Finalement, tant que nous ne les aurons pas localisés, vous resterez persuadée qu'il reviendra un jour.

C'était une allusion au fait qu'il avait un intérêt personnel à mettre de l'ordre dans l'avenir de la jeune fille. Mais celle-ci ne pouvait pas lui laisser espérer autre chose entre eux que de l'amitié.

— Je pensais... que vous aviez compris. Je ne changerai jamais, Neville, même si je ne revois pas Hans. Je suis incapable d'éprouver les mêmes sentiments pour un autre, pardonnez-moi...

Neville la prit par le menton pour lui relever le visage afin de croiser son regard.

— Je sais, mais vous aurez cependant besoin d'amis, et je prends le risque.

Troublée, Joanne, ce soir-là, se demanda si elle devait rompre tout lien avec le jeune homme. Mais elle le savait, elle ne supportait pas la solitude ; une fois la saison achevée, il lui serait impossible d'entreprendre quoi que ce fût.

*
* *

Epuisée par le fait d'avoir dû poursuivre sa tâche en dépit de ses peines de cœur, à Berne, Joanne salua ses touristes et se fit conduire en taxi au siège social de la compagnie.

Elle soupira tout en se dirigeant vers le service où elle devait se présenter en fin de saison pour prendre son congé comme n'importe quel autre guide.

Quand elle donna son nom, la secrétaire s'empressa, chuchota dans le téléphone pour finir par demander à Joanne si elle voulait être reçue par l'adjoint de M. Lindt. Le cœur battant à l'idée de ce qui allait ressortir de cet entretien, la jeune fille accepta. La secrétaire lui remit un dossier que Joanne rangea dans son sac après avoir constaté qu'il concernait l'organisation des sports d'hiver. En attendant, elle s'assit, regarda autour d'elle les photos des cars et des avions appartenant à la compagnie.

Peu après, l'ascenseur la conduisit au dernier étage où elle fut accueillie par un homme de haute stature.

— Wilhelm Schmidt, se présenta-t-il. Une chance

que vous soyez venue aujourd'hui, mademoiselle Kirkham... Voyons, vous faisiez équipe avec Hans, n'est-ce pas ? enchaîna-t-il après l'avoir invitée à entrer dans son bureau et à s'asseoir.

— En effet, je... Avez-vous eu de ses nouvelles ?

— Pas exactement, avoua Schmidt qui s'assombrit. Euh... d'abord, savez-vous qui est Hans ?

Quand elle acquiesça, il ouvrit un tiroir du bureau, en extirpa une large enveloppe qui contenait un bout de tissu crasseux.

— Avez-vous déjà vu ceci ?

— On dirait... oui, je suis presque sûre que Hans avait une cravate comme celle-ci, balbutia Joanne.

— C'est bien ce qu'il me semblait, admit Schmidt, la mine soucieuse.

— Cela signifie-t-il qu'il est... sain et sauf ? En vie ? Où a-t-on trouvé cette cravate ?

Elle tendit la main pour s'emparer d'une coupure de journal en anglais qui relatait brièvement l'enlèvement d'un homme d'affaires suisse jusque-là non identifié et qui était actuellement détenu en otage en Grande-Bretagne.

— J'ai également reçu ceci... fit Schmidt.

C'était un message dactylographié sur un papier bon marché réclamant une rançon d'un million de livres sterling payable en francs suisses ainsi que la fermeture de la compagnie et de toutes ses filiales ou annexes.

— Mon Dieu, c'est le bouquet ! s'écria Joanne.

CHAPITRE X

Schmidt se mit à arpenter le bureau.

— Je ne sais que faire. Une telle aventure ne nous est jamais arrivée. Il faut absolument que nous retrouvions Hans ! Ici, ce serait plus simple, mais en Angleterre… Là-bas, tout nous est inconnu, les lieux, les méthodes de la police, la presse. Vous qui êtes anglaise, mademoiselle Kirkham, pourriez-vous nous aider ? Je sais que votre contrat avec nous cesse dès aujourd'hui, mais…

— Il y a une chose que vous ignorez, monsieur, dit Joanne en se levant, Hans et moi, nous sommes fiancés. J'ai vécu… mille morts, ces deux dernières semaines. Dites-moi ce que je peux faire, monsieur Schmidt.

— J'hésite à me rendre moi-même dans votre pays, poursuivit-il. Quelqu'un doit rester ici pour le cas où d'autres messages parviendraient… D'après cette demande de rançon, il faudrait verser la somme à un compte numéroté dans une banque suisse — à condition que la compagnie estime que c'est l'unique solution.

— Ce n'est pas possible, tout de même ? N'oubliez pas que le message stipule la fermeture de la compagnie. Hans en aurait le cœur brisé !

— Oui, mais nous ne pouvons pas le laisser souffrir, ou pire encore. S'il est le patron, Hans est avant tout un homme que ses employés aiment et respectent...

L'émotion étreignit Joanne. Devant sa détresse, l'adjoint de Hans s'approcha pour poser la main sur son épaule.

— Je suis affreusement navré de ce qui arrive. Croyez-moi, tous ici partagent votre peine et celle de la famille de Hans, comme l'angoisse de Hans où qu'il soit.

— Madame Lindt est-elle au courant des événements ?

— En tout cas, personne d'entre nous ne l'en a informée. Sachant qu'elle est malade, nous n'étions pas certains qu'il serait raisonnable de la prévenir de l'enlèvement de son fils. Mais dès demain matin, toute la presse européenne reprendra la nouvelle déjà diffusée en Angleterre.

— Je me chargerai de l'en avertir avec ménagement, dès ce soir, si vous le voulez bien.

L'homme parut soulagé et acquiesça.

— Y a-t-il autre chose à faire ? s'enquit la jeune fille.

— Restez simplement en rapport avec nous. Quand repartez-vous pour l'Angleterre ?

— Demain, en admettant que je puisse gagner ce soir le chalet Lindt.

— Je vous procurerai une voiture avec chauffeur.

— Je vous en remercie.

Il décrocha le téléphone, forma un numéro sur le cadran, ordonna qu'on conduisît une voiture devant l'entrée principale.

— Passerez-vous la nuit chez madame Lindt ?

— Oh ! elle m'y invitera vraisemblablement !

— Alors, priez le chauffeur de vous conduire à l'aéroport demain. Il sera à votre disposition tant que vous resterez dans notre pays, n'hésitez pas à utiliser ses services.

— Je vous remercie vivement, fit Joanne en se levant pour prendre congé.

— Je regrette seulement de ne pouvoir faire davantage. Ah ! un instant... emmenez donc le chauffeur en Angleterre, vous aurez besoin d'assistance là-bas.

Se rappelant qu'il y avait Neville, elle secoua la tête.

— C'est inutile, j'ai là-bas un ami qui m'aidera. Néanmoins, je vous préviendrai si j'ai besoin de quelqu'un. Et je vous téléphonerai dès que j'aurai contacté la police.

Schmidt nota un numéro sur une feuille de papier qu'il lui remit.

— C'est mon téléphone personnel, n'hésitez pas à m'y appeler de jour comme de nuit.

Elle acquiesça et, intriguée, le vit préparer une liasse de billets.

— Voici une provision, nul ne sait ce que cela pourra coûter.

— Mais je...

— Allons, mademoiselle Kirkham, je m'étonne que vous soyez fiancée à quelqu'un d'aussi autoritaire que Hans Lindt ! Vous semblez si indépendante... Mais soyez prudente, nous ignorons le danger réel que représente l'adversaire, ajouta-t-il en lui serrant vigoureusement la main. Restez en relation avec moi — et méfiez-vous de ceux qui voudront vous inspirer confiance.

Confortablement installée dans la voiture, Joanne s'aperçut qu'elle se sentait étrangement soulagée après cette entrevue. C'était peut-être insensé, puisqu'elle venait d'apprendre que Hans était détenu contre sa volonté, mais infiniment préférable à la pensée qu'il s'était enfui avec Elena. Maintenant, elle pourrait mettre toutes ses forces et tout son cœur à le retrouver.

Au chalet, il régnait une ambiance sinistre et pesante. Mathilde révéla à Joanne que Mme Lindt était affreusement faible. Kurt, lui, était atterré. Un livre ouvert sur les genoux, il regardait en fait au loin, l'air perdu.

— Joanne ! s'exclama-t-il. Tu l'as vu, oncle Hans ?

— Non, mon chéri, je regrette ; mais j'ai quelques nouvelles.

— Ah bon ? Où est-il ?

— On suppose qu'il est en Angleterre.

— En Angleterre ? C'est ton pays... Tu le retrouveras facilement.

— C'est très vaste, tu sais...

— Mais non, j'ai vu la carte géographique. C'est mon oncle qui me l'a montrée. C'est une île rose qui est toute petite.

— C'est en effet son apparence, je sais... Ta mère est-elle revenue ? interrogea Joanne, parce que de cette question dépendaient tant de choses.

L'enfant hocha négativement la tête. Bien que consternée, Joanne nota que son visage restait impassible.

— Oh ! elle ne reviendra pas ! déclara-t-il calmement. Chaque fois que je n'ai pas été sage, elle m'a menacé de partir. Eh bien, elle l'a fait.

— Kurt..., balbutia Joanne, n'en croyant pas ses oreilles.

— Je m'en moque, d'ailleurs. Oncle Hans veillera sur moi.

« S'il survit », songea la jeune fille, qui repoussa cette pensée de toutes ses forces.

Adossée à ses oreillers, Mme Lindt avait une mine épouvantable.

— Avez-vous du nouveau, ma chérie ? questionna-t-elle après avoir embrassé Joanne avec tendresse.

Brièvement, et avec ménagement elle rapporta les détails de la demande de rançon, s'efforçant de souligner l'importance du fait que Hans était en vie lors de l'expédition du message.

— Nous réunirons la somme, affirma Mme Lindt.

— Attendez... Les ravisseurs ont une autre exigence... Ils veulent que l'on ferme la compagnie.

Soumise à la torture, Joanne devina dans le regard de Mme Lindt le conflit qui se livrait en elle : le désespoir d'une mère qui voulait sauver son fils et l'horreur de préserver la vie de ce fils au prix de son travail.

Puis, la vieille dame laissa ses épaules s'affaisser. Elle n'avait plus d'espoir.

— Ils nous tiennent, n'est-ce pas, chérie ? Quoi qu'il arrive, nous serons perdants.

— Il reste une chance de récupérer Hans avant... pendant qu'il est sain et sauf.

— Mais où entreprendre les recherches ?

— A Londres, d'abord, parce que c'est de là que le paquet a été expédié. La police enquête déjà...

Avant d'aller se coucher ce soir-là, Joanne appela le numéro de Neville. La personne qui répondit ne se présenta pas et déclara que Neville était à Londres — fournissant son numéro là-bas.

Joanne obtint sans peine la communication ; Neville, de tout évidence, attendait son appel. Il lui confirma qu'il avait eu connaissance de l'article du journal.

« — Je prendrai le premier vol pour Londres demain », conclut-elle.

« — Parfait, j'irai vous chercher à l'aéroport. »

« — Vous ne travaillez pas ? »

« — Si, mais je dispose d'une excellente équipe. Je peux confier mes affaires à mon directeur pendant plusieurs jours si c'est nécessaire. »

« — Je vous remercie, Neville. A demain. »

Le lendemain matin, elle eut de la peine à prendre congé de Mme Lindt et du petit Kurt. La vieille dame aux cheveux blancs, si fragile, contenait difficilement ses larmes.

En s'éloignant de la demeure, elle se demanda dans quel état d'esprit elle y reviendrait. Serait-ce dans la joie, en compagnie de Hans ? Ou seule, désespérée, avec l'unique but d'apporter quelque réconfort à une mère désemparée ?

La voix de Neville résonna chaleureuse et familière aux oreilles de Joanne quand la jeune fille téléphona de l'aéroport à son ami. Joanne réalisa qu'elle était épuisée et qu'elle éprouvait la nécessité de se reposer sur quelqu'un.

« — Attendez-moi, j'arrive ! » s'exclama-t-il.

Quand il apparut, Joanne dut se contenir pour ne pas se jeter dans ses bras, comme elle l'aurait fait avec un frère aîné. Malheureusement, les sentiments de Neville n'avaient, eux, rien de fraternel, et il aurait pu mal interpréter le moindre regard tendre.

Avec sa complaisance habituelle, pourtant, il eut tôt fait de déposer Joanne à l'hôtel où elle avait réservé une chambre pour deux nuits, afin qu'elle y laissât ses affaires de voyage.

— Avez-vous faim ? demanda-t-il.

Joanne découvrit avec surprise que, pour la première fois depuis des jours, elle avait de l'appétit.

— Oui, ce doit-être parce que je suis de retour en Angleterre, expliqua-t-elle.

— Alors, dans ce cas, je vais faire un saut chez le traiteur, qui est en face de chez moi, et nous déjeunerons tranquillement.

Quand Neville revint, il déposa sur la banquette arrière des cartons d'où s'échappaient des senteurs appétissantes.

— C'est très pratique, cette boutique : j'habite à deux pas. Ces traiteurs chinois ont vraiment été inventés pour les célibataires !

Guidant la jeune fille vers son appartement au rez-de-chaussée d'un immeuble, il la débarrassa de son manteau et lui désigna la salle de bains pour qu'elle pût se rafraîchir. Lorsqu'elle le rejoignit, il avait dressé le couvert et il était en train de déboucher une bouteille de vin.

Ce ne fut qu'après le repas, et sur l'insistance de Joanne, qu'il accepta de parler d'autre chose que de leurs souvenirs communs de voyages.

— Excusez-moi, Joanne, mais de vous revoir, et de vous recevoir ici... J'en oubliais que ce n'était pas un simple rendez-vous.

— Alors, cette demande de rançon...

Elle lui confia ce qu'on lui avait appris au siège social de la compagnie de Hans.

— Le fameux paquet ne renfermait-il pas autre chose ? s'enquit Neville.

— Une coupure de journal. Au fait, ce fait divers était-il mentionné dans plusieurs journaux ?

— Je n'en ai hélas ! pas idée. Au début, je n'ai pas fait la relation. Mais ce n'était pas de cet article que je parlais, Joanne. Vous aviez dit qu'il y avait un objet...

— La cravate ? s'étonna-t-elle, persuadée de ne pas avoir fait allusion à ce détail qu'elle voulait précisément taire. Oui, les ravisseurs ont envoyé une cravate avec le message pour attester qu'ils détenaient réellement Hans.

— Joanne... vous avez confiance en moi, n'est-ce-pas ? fit-il brusquement en se penchant vers elle au-dessus de la table. Vous savez que je cherche à vous aider ?

— Sinon, je ne serais pas ici ; pourquoi ?

— Eh bien.. vous sembliez dans l'expectative. Si vous voulez que nous réussissions, il me faut votre totale coopération, vous saisissez ?

— Oui, mais...

— Il ne faut ni secret ni mystère entre nous. Vous devez me tenir au courant de tous les détails, de toutes les pistes que suivra la police, des indices possibles.

— Comment en serait-il autrement puisque vous viendrez avec moi voir la police ?

— Euh... non, ce ne serait pas raisonnable. J'en apprendrai davantage si je reste à l'écart... J'ai certaines relations qui peuvent considérer d'un mauvais œil mes contacts avec la justice.

— Ah ?

— Oui, des types formidables qui feraient n'importe quoi pour moi, mais qui n'aiment pas spécialement la police.

— Très bien. Vous voulez donc que je fasse la liaison avec elle ?

— Cela me paraît logique, non ?

— Certainement. J'irai dès demain matin. D'ici-là, je vais aller me reposer à l'hôtel.

— Entendu. Je vous reconduis.

*
* *

Elle s'apprêtait à prendre son petit déjeuner lorsque la sonnerie stridente du téléphone retentit.

C'était Neville qui voulait savoir si elle avait bien dormi. Il ajouta qu'il avait hâte de la rejoindre et qu'il avait retenu une table dans un restaurant voisin où il l'emmènerait déjeuner.

La visite à la police s'avéra décevante. Après s'être mis en relation avec Scotland Yard, l'inspecteur de service confirma que l'homme détenu prisonnier était vraisemblablement Hans, mais pour le reste parut se désintéresser de l'affaire.

La jeune fille contint son envie de se plaindre. Après s'être assurée qu'ils n'avaient pas d'autres indices sur le lieu de détention de Hans, elle donna le numéro de téléphone de son hôtel.

Lorsque Neville vint la chercher pour déjeuner, elle fulminait. Lui aussi sembla troublé en apprenant que les policiers n'avaient pas de plus amples renseignements.

— Cela ne fait rien, nous dénicherons une piste quelconque, même s'il faut mettre Londres à sac pour y parvenir, déclara-t-il quand ils furent au restaurant, assis à une table d'angle. Je vous en prie, Joanne, ne vous découragez pas. Je suis là pour vous soutenir, ne l'oubliez pas, et à nous deux, nous retrouverons Hans.

Elle acquiesça, la vue brouillée par les larmes. Sans Neville, elle aurait été perdue !

Après le déjeuner, il lui annonça qu'il avait un rendez-vous et qu'il était contraint de l'abandonner. Trop nerveuse pour rester enfermée, la jeune fille partit flâner dans la foule. Et brusquement, elle se souvint de l'existence de James !

Comment n'avait-elle pas plutôt songé à lui ? Il avait déjà une fois refusé d'aider Hans, bien sûr, mais à présent que l'avenir du jeune homme était si incertain... Cela méritait une tentative.

On la conduisit auprès du jeune homme, aussi aisément qu'autrefois. A son entrée, James se leva et s'avança à sa rencontre.

— Joanne !

— Sais-tu pourquoi je suis ici ? demanda-t-elle, s'étonnant du changement d'attitude de James.

— Hélas oui ! soupira-t-il. Je suis désolé pour toi, Joanne. Nous avons été les premiers à publier le communiqué, et ensuite il a été repris par les autres.

— Tu savais qui était cet « homme d'affaires suisse » alors que le nom n'a pas été stipulé.

— C'était convenu, on ne devait pas au début révéler son identité.

Il lui tendit le numéro du jour, et Joanne eut la gorge serrée en lisant la manchette.

Conditions et rançon exigées pour la libération de Hans Lindt, P.-D.G. d'une important agence de tourisme suisse.

— Tu vas encore refuser de me dire qui...

— Calme-toi ! Je ne suis pas aussi moche que tu l'imagines. Je ne garderais pas secrète une information susceptible de hâter sa libération. J'ai déjà coopéré avec la police, seulement... on dispose de peu de faits... Tu sais, bien que ce soit terminé entre toi et moi, je continue à m'intéresser à toi. Je donnerais n'importe quoi pour que tu n'aies plus ce regard perdu.

— Qui t'a fourni la nouvelle ? La personne qui t'avait déjà prévenu de la disparition des bagages ?

— La même personne, oui, avoua-t-il, en marchant vers la porte.

— Et...

Il jeta un coup d'œil vers le bureau voisin, sans

doute pour s'assurer que personne ne pouvait l'entendre, referma la porte, s'y adossa. De son portefeuille, il tira une photo qu'il tendit à Joanne.

— Le reconnais-tu ? Il s'appelle...

— Neville ! s'exclama-t-elle, en s'asseyant brusquement sous l'effet de la surprise.

— Ainsi tu le connais, je me posais justement la question. Fais attention, Joanne, méfie-toi de ce type. Il est à Londres actuellement. Arrange-toi surtout pour l'éviter.

Joanne l'écoutait à peine, elle n'éprouvait désormais que l'envie de partir pour réfléchir en paix remettre de l'ordre dans ses idées. James insista sur le danger que présentait Neville, et elle promit de ne plus rencontrer le jeune homme. Mais comment cela serait-il possible, maintenant qu'elle savait que Neville seul pourrait la mener à Hans ? Oui, il fallait établir un plan, préparer une manœuvre...

Dans sa chambre à l'hôtel, elle jeta son manteau sur le lit et commanda du thé par téléphone.

Elle s'assit à la table devant la fenêtre. Elle était encore incrédule et effrayée par la nouvelle, et il lui fallait se dominer afin de pouvoir ensuite faire travailler utilement son cerveau. Si elle voulait lutter contre Neville, il lui fallait...

Quand on frappa à la porte, elle tressaillit avant de balbutier :

— Entrez...

Se rappelant que ce devait être un valet avec le plateau de thé, elle se contraignit à sourire.

Mais sa main tremblait quand elle remplit sa tasse.

— Tu ne feras rien de bon, se gourmanda-t-elle à haute voix. Il faut absolument te maîtriser...

Elle but son thé bouillant, respira à longues bouffées l'air tiède de l'automne londonien.

Après quoi, elle tenta de mettre de l'ordre dans ses pensées.

D'abord, en dépit des avertissements de James, elle contacterait Neville — il ne fallait pas le laisser soupçonner qu'elle répugnait à le voir désormais.

Elle s'était pratiquement habituée à lui consacrer beaucoup de son temps. La révélation que James lui avait faite l'avait en réalité convaincue que cela la conduirait à Hans. Bien que la demande de rançon eût été postée de Londres, cela n'impliquait pas forcément que Hans fût détenu en Angleterre — même si Neville s'y trouvait.

La sonnerie du téléphone surprit la jeune fille. Affolée, Joanne fixa l'appareil. Et si c'était *lui*, alors qu'elle n'était pas encore prête à l'affronter ?

La sonnerie se prolongea, et Joanne se décida à décrocher.

« — Mademoiselle Kirkham ? » fit une voix qu'elle ne reconnut pas.

« — Oui. Qui est à l'appareil ? »

« — Le sergent Rayleigh, Mademoiselle. Je vous ai vue tout à l'heure quand... »

« — Oui, bien sûr, excusez-moi de ne pas vous avoir... »

« — Je vous en prie, dit l'autre tandis que, de soulagement, Joanne s'affalait sur le lit. Je vous appelle, car je suis arrivé à certaines conclusions dont nous pourrions discuter si vous en avez le temps. Si vous voulez bien venir, j'envoie une voiture vous chercher ».

« — Ah bon ? »

« — Dans... disons dix minutes ? »

« — D'accord. »

— Je suis content que vous soyez venue, dit le sergent Rayleigh, introduisant la jeune fille dans son bureau.

Dans le silence qui suivit, Joanne devina que le policier la jaugeait. Brusquement, il lui tendit une photographie.

— Je crois que cet homme est de vos amis...

— Je le connais, admit Joanne, se demandant s'il la suspectait d'être de connivence avec Neville. Disons que... je le prenais pour un ami, rectifia-t-elle. Jusqu'à aujourd'hui, je n'ai jamais douté qu'il cherchait à m'aider à retrouver la trace de Hans Lindt. Mais...

Elle s'interrompit, ne sachant si elle devait parler de James.

— Vous faites probablement allusion à votre visite dans les bureaux de ce quotidien, dit-il, en montrant un journal devant lui.

— Oui, sergent, je crois savoir que quelqu'un de ce journal vous a fourni une information...

— Oui, mais comment l'avez-vous appris ?

— Mon... enfin, c'est le père d'un de mes amis qui est le propriétaire de ce journal, et cet après-midi...

— Autrement dit, vous avez mené votre propre enquête ? conclut le sergent en riant. Nous étions pourtant d'accord pour que vous nous laisseriez agir à notre guise. Vous savez, mademoiselle Kirkham, le public en général s'épargnerait des ennuis, voire des dangers, s'il cessait de se mêler de tout.

— Mais enfin, il s'agit de l'homme que j'aime, et il est menacé de mort ! Que feriez-vous si votre femme était enlevée ? Vous laisseriez l'affaire à la police locale ?

— Un point pour vous ! Ne pouvant vous faire protéger, puisque je n'ai pas de raison de le faire, il faut donc que je vous prévienne : chaque instant que vous passez avec cet homme... savez-vous au fait qui est réellement ce Neville Cushman ?

— Non.

— Je vous dirai simplement qu'il est très connu dans certains milieux. Et rappelez-vous qu'avec lui, vous mettez votre existence en péril. Alors, soyez sur vos gardes. S'il a le sentiment que vous le soupçonnez de quoi que ce soit, il n'hésitera pas à vous empêcher de lui nuire de quelque manière que ce soit. Il est franchement très dangereux.

Et voilà que la police à son tour lançait un avertissement à Joanne, comme l'avait fait James. Mais la jeune fille ne pouvait toujours pas en tenir compte. Cette fois encore, elle devait taire ses intentions — mais le faire avec habileté.

— C'est très sérieux, mademoiselle, insista Rayleigh, mains sur la table, penché vers Joanne. Il ne va pas tarder à retourner chez lui. Nous devons nous assurer qu'il ne vous arrivera rien.

— Je ne serai que trop contente de me soumettre à vos instructions ! fit-elle avec un sourire, espérant avoir l'air sincère. Je tiens à rester en vie... Quand vous libérerez Hans, enchaîna-t-elle avec un trait de génie, je serai là pour l'accueillir, c'est mon seul but.

— Voilà qui est raisonnable ! s'écria-t-il en s'approchant d'elle. J'avais deviné que vous étiez pleine de bon sens...

*
* *

Le réceptionniste de l'hôtel annonça à Joanne qu'on l'avait réclamée au téléphone et lui transmit un numéro où rappeler. Il s'avéra que c'était celui d'une cabine téléphonique — dans laquelle Neville s'impatientait.

« — Que faites-vous ? Vous passez votre temps à entrer et sortir ! grogna le jeune homme. J'ai appelé à diverses reprises et chaque fois, on m'a répondu que vous veniez de partir. »

« — Excusez-moi, Neville, mais je suis à cran. C'est pour cela qu'il faut que je sorte de temps à autre. Ma chambre me fait l'effet d'une prison. Je ne cesse d'y être obsédée par la pensée de Hans. »

« — Oui, je comprends, Joanne, mais ce ne sera plus long. J'ai obtenu un indice. Dès que vous aurez fait vos bagages, nous quitterons Londres. »

« — Tout de suite ? »

Alors qu'elle n'était pas encore parvenue à associer en esprit Neville avec les gangsters, qu'elle n'avait pas prévu de plan pour l'avenir, ni le moyen de duper Neville !

« — Vous êtes toujours là, Joanne ? »

« — Oui, bien sûr, mais c'est si soudain... Enfin, s'il le faut, je peux partir, sitôt ma note réglée à l'hôtel. »

« — Bon, j'arrive ! »

Elle raccrocha, pensive. Elle ne disposait que de peu de temps pour appeler Wilhelm Schmidt. Elle réussit à obtenir la communication avec la Suisse, non sans mal et après un temps interminable.

« — Dieu merci, vous m'avez appelé ! s'écria l'homme au bout du fil. Nous avons une piste d'importance, mademoiselle Kirkham. Nous venons de recevoir une autre demande de rançon, jointe à la montre-bracelet de Hans. Le tout venait d'un lieu nommé Oxenholme. »

« — Vous avez prévenu la police ? » coupa-t-elle.

Mais elle fut interrompue par des coups frappés à la porte.

Elle frémit. Il était trop tard pour réclamer de l'aide ou chercher à savoir si la police était au courant des nouveaux développements. Si elle insistait, Neville risquait de l'entendre.

« — Il faut que je file ! » lança-t-elle avant de raccrocher le combiné.

Elle inspira profondément et alla ouvrir la porte.

CHAPITRE XI

Le regard de Neville obliqua sur le téléphone. Le cœur palpitant, Joanne appréhenda la question. Et si Neville avait surpris ses propos...

— Suis-je inopportun ? demanda-t-il hypocritement.

— Euh... non, j'avais terminé. Je téléphonais à la mère de Hans.

— Du nouveau ? s'enquit-il en attrapant une valise.

— Rien.

— Quelle malchance, mon ange ! Cela ne fait rien, nous sommes sur une piste — et il en sortira bientôt quelque chose.

— Neville...

Elle se mordit la lèvre au moment de lui reprocher d'user à son égard de mots tendres. Le mettre de mauvaise humeur maintenant, c'était courir au suicide !

— Oui ?

Elle lui adressa un sourire enjôleur.

— Eh bien... vous vous êtes montré si bon. Je me disais que la bonté est peut-être une qualité plus durable que...

Elle se tut pour faire croire à son émotion embarrassée.

— Et vous, vous êtes formidable, Joanne, murmura-t-il en l'embrassant.

Bien que ne disposant d'aucune carte pour le vérifier Joanne fut certaine qu'ils n'empruntaient aucunement la direction d'Oxenholme.

Au moment de l'interroger sur leur destination, elle réfléchit. Il était plus raisonnable de continuer à jouer le jeu. Neville avait peut-être des renseignements plus récents, qu'elle ne découvrirait qu'en gardant le silence. Elle hasarda néanmoins quelques allusions :

— Je suppose que ce départ précipité touche à cet indice concernant Hans ?

— Oui.

— Et vous savez où il est ?

— A peu près, oui.

Il était laconique, répugnant manifestement à se confier, mais il fallait pourtant savoir. De plus, si elle cessait de l'interroger, il se méfierait.

— Est-ce loin ?

— Assez. Nous n'y serons que demain matin.

Joanne s'assombrit, bénissant le Ciel qu'il n'y eût pas assez d'éclairage à l'intérieur de la voiture pour révéler son expression.

Avait-on conduit Hans ailleurs depuis la dernière demande de rançon ? Ou bien Neville cherchait-il à l'éloigner de la région dans laquelle Hans était détenu ? Dans ce cas, elle devrait lui fausser compagnie pour aller prévenir la police qui…

Seigneur ! Les policiers étaient-ils au courant des derniers événements ? Ou bien le siège social de la compagnie comptait-il sur Joanne pour les avertir…

« Mon Dieu, pourvu que Schmidt téléphone à Scotland Yard ! » pria-t-elle intérieurement.

Elle gratifia Neville d'un regard en biais, se demandant s'il ferait une pause en route. Alors, Joanne s'arrangerait pour gagner une cabine téléphonique.

— Nous avons un long trajet devant nous, dit-il. Je vous invite à dormir un peu, si vous en avez envie...

Appuyant sa tête au dossier, elle ferma les yeux. Cela lui permettrait de réfléchir — sans être épiée.

Si Neville la conduisait à Hans, elle n'avait pas idée de la façon dont il comptait étaler son jeu. Il fallait donc prévoir et calculer au mieux afin d'éviter tout dommage pour Hans ou pour elle-même.

Elle soupira. Ne connaissant pas leur destination, il lui était pratiquement impossible de parer à toute éventualité.

Discrètement, elle consulta sa montre — il y avait quatre heures qu'ils avaient quitté Londres. Joanne s'étira, feignant de s'éveiller.

— Sommes-nous encore loin, Neville ?

— Oui, nous en avons encore pour des heures.

— Je suis affamée, je n'ai rien avalé depuis le déjeuner. Si on s'arrêtait pour manger quelque chose ?

— Pas maintenant, Joanne. Rendormez-vous. Je m'arrêterai quand nous serons à proximité du but, et nous ferons des provisions.

— Oh ! Neville, vous me laisserez également mourir de soif ? reprocha-t-elle, câline.

— D'accord, je m'arrêterai dès que je verrai un bistro ouvert.

— Ce sera parfait !

« Pourvu qu'il y ait un téléphone ! » se dit la jeune fille.

Par chance, ils repérèrent bientôt des lumières signalant un café sur le bord de la route.

Elle suivit Neville dans le bistro et s'approcha du comptoir. L'endroit était sinistre, plutôt crasseux.

— Ce n'est pas tout à fait notre style, mais ça fera l'affaire, commenta Neville en s'asseyant sur un tabouret.

— Je vais aux lavabos, annonça-t-elle. J'en ai pour une seconde, excusez-moi.

Sans lui laisser le temps de la réflexion, elle se précipita vers la porte, certaine qu'il l'observait.

Avec soulagement, elle aperçut le téléphone installé derrière la porte, près du lavabo.

Sans perdre de temps, elle composa son numéro. De longues secondes s'écoulèrent avant que le sergent Rayleigh ne décrochât. Joanne était là, tremblante, guettant l'apparition de Neville.

« — Je suis pressée, dit-elle au policier. Notre bureau de Suisse vous a-t-il appelé ? »

« — Pas depuis deux jours. »

« — Bon. Ils ont reçu une nouvelle demande de rançon, postée à Oxenholme. Je... je ne vais pas bouger, affirma-t-elle, se rappelant l'avertissement du sergent. Et vous ? »

« — Nous allons immédiatement organiser la perquisition de toutes les maisons du lieu. Ne vous inquiétez pas, nous finirons bien par localiser votre fiancé... »

« — Merci, il faut que je vous quitte maintenant... »

Elle referma doucement la porte et retourna dans le bistro.

Neville semblait impatient. Il avait commandé deux bières et des sandwiches.

— Dépêchons-nous, lui dit-il.

— Vous avez raison, admit-elle. Je bois ma bière et je mangerai le sandwich dans la voiture.

— Parfait !

— Partons, Neville. Plus tôt nous serons arrivés, mieux cela vaudra puisque nous saurons exactement alors à quoi nous en tenir.

Il se pencha vers elle. Joanne se contracta en prévision de l'inévitable baiser.

*
* *

Entre ses paupières mi-closes, Joanne vit le jour se lever. A première vue, ils traversaient Dartmoor ou Exmoor. Hans y avait-il été transféré ?

Ce genre d'endroit était d'ailleurs idéal pour des ravisseurs. On pouvait cacher un homme ici pendant des semaines sans soulever le moindre soupçon. La jeune fille frissonna.

Brusquement, Neville s'arrêta dans une cour de ferme. Bien que l'endroit parût désert, le jeune homme se dirigea sans hésiter vers la porte d'entrée. Il serrait dans sa main une clé que, curieusement, il n'utilisa pas. Il se contenta d'appeler.

— Max, c'est moi, Neville. Ouvre, veux-tu ? Ils s'imaginent que je fais partie du complot d'enlèvement, expliqua-t-il à mi-voix à Joanne... Pas de réponse, c'est bizarre tout de même... Réveille-toi, Max, je tiens la fille.

Rien ne se produisit. On ne percevait que le gémissement du vent autour de la ferme.

— C'est bon, se résigna Neville, haussant les épaules. Je vais me servir de cette clé, mais faites attention, chérie, ils peuvent tirer s'ils ne réalisent pas que c'est nous. Restez derrière moi et ne faites aucun geste insolite.

Il écarta la porte de quelques centimètres, puis plus largement, et pénétra à pas silencieux à l'intérieur de la maison. A la lumière du petit jour, on remarquait que tout était en ordre, net — trop net pour un lieu habité. Neville attira la jeune fille à l'intérieur et alla de pièce en pièce, appelant le dénommé Max. Joanne le laissa monter seul à l'étage — elle était à présent persuadée que la ferme était abandonnée.

En redescendant, Neville froissait un papier dans sa poche.

— Ils ont laissé un message. Ils ont dû déménager, sans doute parce que quelqu'un s'est montré trop curieux.

— Très bien, fit Joanne, partons à leur poursuite.

Elle testait sa réaction, car elle avait le sentiment que la ferme n'avait pas été occupée récemment. Quant à Neville, il jouait manifestement la comédie.

Il fut rapide. Elle n'avait pas atteint la porte qu'il était déjà adossé au battant.

— Non, ce... c'est impossible ! Ils vont nous envoyer quelqu'un parce que je ne connais pas le chemin.

— Ah bon ! s'exclama-t-elle, l'air convaincu.

S'il avait fait plus chaud, elle se serait débarrassée de son manteau, prouvant ainsi son intention de faire halte. Mais elle frissonnait dans la froideur humide de cette demeure vide.

— Si nous allumions un feu ? suggéra-t-elle.

— Bonne idée !... mais plus tard. D'abord, il y a un lit là-haut. J'avoue que je suis épuisé d'avoir conduit toute la nuit. Suivez-moi.

La jeune fille ne savait que répondre. Si elle refusait,

il risquait de s'en irriter. Or, trop de choses dépendaient de la confiance que Neville avait en Joanne.

Celle-ci mit sa main dans la sienne et s'immobilisa au pied de l'escalier.

— Neville, je... euh... balbutia-t-elle, se prétendant timide.

— Vous n'avez rien à craindre de moi, la rassura-t-il.

Dans la chambre, il lui entoura les épaules de son bras.

— Je ne vous contraindrai jamais à quoi que ce soit, chérie, puisque je connais vos sentiments pour ce Hans...

— Je vous remercie... Tiens, il n'y a ni draps ni couvertures, remarqua-t-elle.

Neville se dirigea vers une penderie.

« Les lieux ne lui sont pas inconnus », se dit Joanne quand il jeta sur le lit une paire de draps. Un nouveau frisson lui parcourut le dos, de l'appréhension, cette fois. Et si la maison appartenait à Neville, si personne n'y venait jamais... Elle comprendrait alors que son histoire était purement imaginaire et que c'était elle la victime dès le départ ou pire.

Enfin, il fallait garder la tête froide. Joanne se dit que de s'étendre lui ferait peut-être du bien, et lui fournirait en tout cas l'occasion de réfléchir à un plan quelconque. Pendant que Neville dormirait, elle aurait une chance de se faufiler en bas, de trouver un téléphone.

— Vous avez sans doute raison, moi aussi j'ai besoin de repos, fit-elle en bâillant tandis qu'ils préparaient le lit.

Elle ne comptait pas se déshabiller, mais Neville sans perdre de temps se dévêtit pour ne garder que ses sous-vêtements. Après avoir empilé sur la table des pièces de monnaie et deux trousseaux de clés, il se coucha.

— Vous allez froisser votre robe, non ? objecta-t-il.

— Tant pis.

— Voyons, Joanne, pourquoi tant de pudeur ? N'auriez-vous pas confiance en moi ?

Elle s'efforça à l'impassibilité. Elle n'osait pas avouer qu'elle se méfiait totalement de lui. Elle retira sa robe. Après quoi, il lui fallut affronter l'épreuve de se glisser dans le lit à côté de Neville. Elle se concentra sur l'idée que seul Neville pouvait la conduire à Hans.

Elle resta allongée, sans bouger, espérant que cette course en voiture avait vraiment épuisé Neville et qu'il dormirait vite. En fait, après s'être hasardé à quelques tentatives de séduction qu'elle repoussa avec douceur, il se détourna et s'endormit. Elle attendit un quart d'heure, posa avec précaution les pieds par terre et, comme il continuait à ronfler, elle s'empara des clés et descendit l'escalier, pieds nus.

Le téléphone était dans la cuisine. D'abord, il lui fallait appeler Schmidt pour savoir s'il était au courant d'un changement du lieu de détention, puis prévenir la police.

Elle souleva le combiné, composa le numéro — pour s'apercevoir alors qu'il n'y avait pas de tonalité. Des larmes lui montèrent aux yeux, et la voix de Neville derrière elle la fit tressaillir.

— Il est débranché !

Elle pivota, et ils se mesurèrent du regard.

— Ah ! vous m'avez presque fait peur ! s'écria-t-elle avec un sourire forcé. Je voulais appeler madame Lindt pour lui demander s'il y avait du nouveau...

— Lui téléphonez-vous tous les jours ?

— Habituellement, oui. Elle est littéralement folle d'angoisse.

— Oui. Mais je suis désolé, d'ici vous ne pouvez rien pour elle.

Joanne fut frappée par le fait que Neville savait le téléphone débranché — il admettait ainsi que la maison ne lui était pas inconnue. Encore une fois, elle ne pouvait que jouer le jeu. Pour le moment.

— Excusez-moi de vous avoir dérangé, Neville, et retournez vous coucher.

Il secoua la tête. Cela signifiait-il qu'il avait maintenant l'intention de rester éveillé, pour le cas où elle lui ferait faux bond ? Joanne prit un air aimable.

— Vous n'êtes donc plus fatigué ?

— Non.

— Je vais chercher ma robe, dit-elle.

— En effet, il fait plutôt frais, admit-il en lui emboîtant le pas. Je vais ramasser quelques bûches à côté...

Laissant Neville s'habiller, elle emporta ses vêtements hors de la chambre.

— Voulez-vous du café, du thé ou autre chose, Neville ? cria-t-elle d'en bas, sur un ton qu'elle espérait léger. Et je vais voir s'il y a quelque chose à manger...

— Vous êtes de roc, Joanne ! s'écria-t-il en redescendant. D'autres filles, seules en compagnie d'un type bizarre, auraient été prises de panique...

— Mais vous n'avez rien de bizarre !

Il sourit ainsi qu'elle l'espérait, puis l'embrassa sur le front.

— Je serais cependant encore plus contente si vous allumiez un feu, s'obstina la jeune fille.

Il franchit alors en sifflotant la porte de la cuisine, et Joanne le regarda contourner la bâtisse et se diriger vers le jardin. Le terrain était en pente et, en haut, se dressait un hangar à bois. Une fois de plus sans hésiter, Neville sortit une clé cachée sous la gouttière, déverrouilla la porte et s'engouffra dans l'entrepôt.

Raflant sac et manteau, Joanne se précipita vers la porte d'entrée — et brusquement se figea sur ses pas. Sur la gauche, une porte était entrouverte sur une petite pièce encombrée de valises toutes frappées d'une étiquette familière ! Puis sans perdre du temps à pousser plus loin ses investigations, elle courut à la voiture.

Le moteur, par bonheur démarra aussitôt. Joanne prit garde de ne pas faire patiner l'embrayage, afin de quitter les lieux sans attirer l'attention.

Elle sortait de la cour de la ferme lorsqu'elle aperçut Neville dans son rétroviseur. Elle appuya à fond sur l'accélérateur...

Elle attendit une heure avant de s'autoriser une halte pour téléphoner au sergent Rayleigh.

« — Quoi de neuf ? s'enquit-elle dès qu'elle l'obtint au bout du fil. »

« — Rien, je suis désolé, répondit-il manifestement découragé. Nous avons perquisitionné toutes les maisons et tous les bâtiments dans un rayon de quinze kilomètres autour de Oxenholme, mais en vain. »

« — Je vois. »

Horriblement déçue, Joanne ne savait plus que dire. Ayant gagné un point sur Neville en réussissant à fuir, elle avait cru que la chance avait tourné.

« — C'était le nom exact du pays ? » interrogea le policier.

« — Schmidt m'a bien parlé d'Oxenholme. Mais évidemment le message avait pu être posté de là par ruse... Il faut que je file », enchaîna-t-elle vivement, consciente qu'elle était sur le point de s'effondrer.

La déception, jointe à la peur qu'elle avait précédemment éprouvée, aboutit à un déluge de larmes. A quoi servaient tant de démarches ? se demandait-t-elle. Pourquoi poursuivre cette enquête, puisque la police elle-même avait échoué ?

Elle fouilla son sac en quête d'un mouchoir. Elle n'en trouva pas. Alors elle eut l'idée de regarder dans la boîte à gants. Un objet métallique et froid se déplaça sous sa main.

Avec précaution, elle sortit un revolver et des munitions. Elle frémit en remettant le tout dans la boîte. Essuyant ses joues d'une main, elle tourna la clé de contact de l'autre, et démarra... Mais à la nuit tombée, la fatigue la submergea, et elle s'arrêta dans un petit hôtel au bord de la route.

*
* *

Dès son réveil, le lendemain, elle appela le sergent Rayleigh, mais n'obtint aucune nouvelle.

Plus tard, en consultant la carte, elle s'aperçut qu'elle n'avait aucun lieu de destination. Si la police avait fouillé tout le voisinage d'Oxenholme, Joanne n'avait aucun intérêt à s'y rendre.

Alors, où aller ?

Il était hors de question qu'elle retournât à Londres — c'était là que Neville viendrait en premier la chercher.

Et si elle allait chez elle, voir ses parents ?

Sans grand enthousiasme, elle calcula la distance la séparant de Ripon, sa ville natale et se mit à préparer son itinéraire. La route était longue, et Joanne soupira de lassitude.

Elle quitta l'hôtel après avoir réglé sa note — résolue

à atteindre Ripon avant la tombée de la nuit. La première partie de son voyage se déroula sans histoire et à l'heure du déjeuner, elle était dans la région de Birmingham. Après un repas rapide, elle acheta une Thermos qu'elle se fit remplir de potage.

Au moment de se remettre en route, elle jeta un coup d'œil sur la carte. Et en étudiant les deux voies possibles qui s'offraient à elle, un nom lui sauta aux yeux : *OXENHOPE.*

C'était là, elle en fut certaine. Il arrivait souvent qu'on ne pût lire aisément le cachet d'un bureau de poste, et Schmidt avait dû commettre une erreur.

La jeune fille se promit de téléphoner aux policiers pour leur annoncer sa découverte, mais la première cabine qu'elle rencontra avait été saccagée. Et elle ne voulait plus perdre de temps, elle était pressée de rejoindre Hans, car elle était persuadée de ne pas se tromper.

La pluie, qui jusque-là n'avait cessé de tomber, fit place à un temps gris. Sur les routes sèches, Joanne accéléra.

Soudain, sur la gauche, à un tournant elle lut enfin sur un panneau le nom Oxenhope. Au même moment, elle alluma les phares, car l'après-midi était désormais fort avancée. Tout en roulant, elle ébaucha un plan qui lui permettrait d'inspecter toutes les routes des environs, de visiter tous les bâtiments en apparence inhabités, car Hans n'était certainement pas détenu prisonnier dans la rue d'un village.

Au-delà du village, la brume s'accrochait à la lande, brouillant la vue alentour.

Au bout de quelques minutes, elle discerna un bâtiment de pierre noirci comme enveloppé d'un linceul blanc. Elle ralentit et, après avoir coupé le moteur, prêta l'oreille et perçut le murmure d'un dialogue à la télévision, entrecoupé de rires. Ce n'était sûrement pas là qu'on détenait un prisonnier, et Joanne repartit. Plusieurs autres demeures présentèrent les mêmes caractéristiques.

Soudain, une courbe sur la route de la lande surprit la jeune fille qui freina brutalement et perdit un instant le contrôle de son véhicule. Finalement, elle réussit à s'arrêter et, terrifiée, elle regarda le ravin dans lequel elle avait failli plonger.

Là, quelque chose bougea. Quelque chose de blanc ou de clair. Accoutumant sa vision aux ténèbres, Joanne discerna une forme sombre qui brillait au milieu des touffes de bruyère. Une voiture se serait-elle écrasée dans le fond du ravin ?

A regret parce que cela retardait le moment de rejoindre Hans, elle dévala péniblement la pente entre les rochers et les fougères. N'ayant pas de torche, elle avançait lentement, mais l'épave n'était plus très loin.

A sept mètres environ du véhicule écrasé, Joanne s'immobilisa, incapable d'aller plus avant. La voiture brisée était la même que celle de Hans. Coïncidence ? Ce genre de véhicule était relativement courant sur les routes anglaises, mais cela ne diminua en rien l'angoisse qui envahit Joanne.

L'espace d'interminables secondes, elle demeura figée, luttant contre l'envie de retourner en arrière. Seulement, il y avait peut-être là quelqu'un de blessé, elle ne pouvait pas fuir ainsi.

Reprenant sa marche difficile, glissant sur les bruyères humides, Joanne s'approcha du véhicule, attirée par ce qui, sur la tôle, brillait.

Avec frénésie, Joanne sortit son briquet de sa poche et l'alluma. L'épave était frappée de l'écusson de la compagnie de Hans !

CHAPITRE XII

Joanne resta là, tremblante. Il lui fallait absolument examiner ce véhicule de plus près. Déjà, l'écusson lui avait confirmé certaines de ses craintes, et elle devait agir, elle était seule à pouvoir le faire...

Rassemblant ses forces, elle contourna l'épave. Quelqu'un était affalé, immobile, dans une position bizarre. *Trop* immobile. Et le visage était tourné vers la bruyère mouillée.

— Hans... bégaya la jeune fille.

Frissonnante, elle s'agenouilla près de la victime de l'accident, ralluma son briquet, prit la tête dans sa main pour tourner le visage vers elle. Le masque couvert de sang, les yeux morts, c'était... Elena.

Bien que soulagée que ce ne fût pas le cadavre de Hans, Joanne en fut bouleversée. Doucement, elle recouvrit le visage d'Elena de l'écharpe volant au vent.

Puis, elle se mit à courir en tous sens, enjambant les touffes de bruyère qui lui griffèrent les mollets, au passage, afin de s'assurer que Hans ne gisait pas quelque part, éjecté de la voiture accidentée.

Finalement convaincue qu'Elena avait seule péri dans l'accident, elle retourna à la route. La main sur la poignée de la portière, elle oscilla, se cogna la tête contre la carrosserie, contint un haut-le-cœur. Quand enfin son malaise fut passé, elle se remit au volant et partit lentement.

Soudain, elle aperçut une fontaine contre un mur de pierre. Elle s'arrêta, sortit de la voiture et but avec délices l'eau au creux de sa main.

Puis se redressant, elle inspira profondément l'air pur qui la revigora. Elle regarda alors autour d'elle. La pluie avait balayé la brume. Au bout d'un champ se trouvait une bâtisse, à l'extrémité d'un chemin rudimentaire. L'endroit semblait abandonné, mais Joanne voulait inspecter tout ce qui pouvait constituer une cachette.

Elle dévala le sentier, trébucha sur une pierre et repartit en boitillant. En forçant un peu, elle parvint à faire pivoter la porte sur ses gonds rouillés et elle entra.

Sous ses pieds, les pavés étaient inégaux. Elle alluma à plusieurs reprises son briquet. Sans rien voir.

Et soudain, d'un coup de briquet encore, elle réussit à entrevoir dans un coin un tas de chiffons, surmonté d'une chevelure en broussailles. Laissant le briquet s'éteindre, elle se précipita, heurta la jambe étendue de l'inconnu qui grogna sans pour autant se déplacer.

— Hans, vous êtes vivant ! bégaya-t-elle en tombant à genoux. Et je vous ai enfin retrouvé, mon chéri !

Il ne répondit pas ni ne réagit. Dans le silence de l'obscurité, Joanne se demanda si elle avait rêvé avoir entendu ce gémissement. Elle tenta vainement de rallumer son briquet et alors tâta de la main le tas de chiffons jusqu'à ce qu'elle trouvât une main. Les doigts étaient terriblement glacés.

Le jeune homme était bien vivant, mais il avait terriblement froid. Joanne rassembla les chiffons sur lui, ajouta son manteau à la pile. Peu à peu accoutumée à l'obscurité, elle distingua une pile de bois qu'elle rassembla. Si son briquet avait contenu encore du gaz, elle aurait pu allumer un feu, réchauffer l'atmosphère...

Elle se souvint alors d'avoir allumé une cigarette à l'allume-cigares du tableau de bord de la voiture.

Rapidement, elle se précipita au-dehors et ramena la voiture à la ruine. Elle récupéra la Thermos de potage qu'elle avait pris soin d'emporter, car si Hans reprenait conscience, elle lui en ferait absorber un peu. Apparemment, on ne l'avait pas nourri ni abreuvé depuis plusieurs jours.

Toujours dans la voiture, Joanne rassembla tout ce qu'elle trouva en fait de papiers, alluma une cigarette, emporta Thermos et sandwiches avec le papier à l'intérieur de la ruine.

Fiévreusement, elle forma une pyramide grossière avec le bois et le papier, mit le feu au papier, qui flamba aussitôt. Joanne aurait du moins un peu d'éclairage, peut-être de chauffage si le bois prenait. Il fallait maintenir Hans en vie. Et ensuite seulement, elle irait chercher du secours. Mais elle n'osait pas le quitter inconscient.

Les ravisseurs n'avaient pas laissé grand-chose à leur prisonnier. Par chance, un petit bout de bois craqua, jetant des étincelles. Joanne le glissa parmi les autres, espérant les enflammer aussi.

Elle se tourna vers Hans. Il était affalé dans son coin mi-couché mi-assis dans une position inconfortable. Une jambe était tordue sous son corps, l'autre tendue. Agenouillée près de lui, Joanne tenta de mieux l'installer. Quand elle toucha sa jambe droite, il poussa un cri de douleur.

— Hans ! fit Joanne, pressante, s'efforçant de l'atteindre dans cette semi-conscience.

Il battit des paupières, et ses lèvres s'entrouvrirent :

— Elena ?

Il revenait à lui. Elle ne devait pas être ulcérée parce que c'était le nom d'une autre femme qu'il avait prononcé. Ce qui comptait, c'était que Hans fût vivant. Joanne essaya alors sans le déplacer de le serrer contre elle pour lui communiquer sa chaleur — encore qu'elle eût elle-même froid.

Il garda les yeux clos, la tête appuyée sur l'épaule de Joanne, comme s'il avait à nouveau sombré dans l'inconscience. D'instinct, elle posa ses lèvres sur la joue rêche du jeune homme et s'étonna de sentir alors ses propres larmes.

« Mon Dieu, qu'il vive, même si c'est avec Elena qu'il a toujours souhaité passer son existence... »

Le feu menaçant de s'éteindre, Joanne abandonna Hans pour s'efforcer de le ranimer, en attisant les braises à l'aide d'un bâton. Un retour soudain des flammes l'obligea à se tourner.

Hans la fixait, hochant la tête.

— Ce n'est pas possible... je rêve..., bégaya-t-il d'une voix rauque.

— Non, fit-elle, ébauchant un sourire avant de se précipiter vers lui.

Veillant à ne pas lui effleurer les jambes, elle s'agenouilla près de lui et lui entoura le cou de ses bras.

— Oh ! Hans ! Hans ! Je vais vous donner un peu de soupe, dit-elle sans perdre de temps. Elle n'est pas très chaude, mais cela vous fera du bien...

— Mes mains... je ne les sens plus, balbutia-t-il inquiet en essayant de tenir la tasse.

— Ce n'est pas grave. Buvez d'abord, je tiendrai la

tasse. Ensuite, je vous masserai les mains pour rétablir la circulation.

— C'est bon, approuva-t-il après la deuxième tasse. Cette fois, j'ai bien cru que c'était la fin, ajouta-t-il de son étrange voix rauque.

Elle lui saisit alors les mains entre les siennes, les frotta à tour de rôle et au bout d'un long moment, les doigts retrouvèrent de leur souplesse.

— Joanne... comment m'avez-vous trouvé ?

— C'est une longue histoire, et vous êtes si faible que je vous la raconterai plus tard. Il faut d'abord penser à votre santé. Je vais aller chercher de l'aide.

— Maintenant, je survivrai, je le sais. Je ne puis bouger, j'ai les jambes cassées. Ils m'ont jeté de là-haut, expliqua-t-il, désignant l'escalier de pierre conduisant à l'étage. Au début, j'étais en haut. A un moment ils se sont mis à me malmener. J'étais déjà faible parce qu'on m'avait à peine nourri, mais comme je ne voulais pas céder...

— A quoi ? Et à qui, Hans ?

— Toujours cette vieille histoire : ils voulaient que je renonce à la compagnie.

— Ils vous ont mis dans un bel état ! Qui était-ce, Hans ?

— Préparez-vous à subir un choc, Joanne, murmura-t-il en regardant la main qu'elle massait. C'était ce type que vous avez rencontré en Italie, ce Cushman.

— Oh ! je sais qu'il est mêlé à l'affaire !

— Alors, pourquoi diable l'encouragez-vous...

— Ne vous tracassez pas. A cette époque, je ne le soupçonnais pas, je ne me suis doutée de rien jusqu'à ce que nous nous rencontrions ici... Oui, il devait soi-disant m'aider à vous retrouver. Quand on m'a ouvert les yeux, j'ai compris les divers incidents et mésaventures de la compagnie. J'en ai eu pour preuve les bagages disparus que j'ai entrevus dans la ferme où m'a conduite Neville...

— Quand cela ?

— Hier... non avant-hier. Oh ! tant de choses se sont produites depuis ! Mais nous pourrons certainement prouver que c'était lui le coupable et qu'il avait manigancé l'attaque du chien dont j'ai été victime à Capri... Hans, avez-vous croisé ce type après votre départ du chalet ?

— Oui, le lendemain de notre soirée de fiançailles.

Le cœur de Joanne se serra à la pensée de cette soirée. Dire que, pendant tout ce temps, Hans n'avait rêvé que d'Elena ! Pourquoi ces mensonges ?

Elle réalisa qu'il faudrait bien un jour lui apprendre l'accident et la mort d'Elena. Mais ce n'était pas le moment de lui porter ce coup. Du reste, Joanne n'y tenait pas, car jusque-là, elle pourrait garder l'illusion que Hans ne l'avait jamais trahie.

Nerveuse, elle se leva pour aller inutilement attiser le feu.

— A présent, je vais chercher du secours, jeta-t-elle par-dessus son épaule. Vous resterez seul peu de temps et vous avez un besoin urgent de soins médicaux.

— Non, ne me laissez pas, Joanne, attendez demain matin !

— Non, il faut aussi que je prévienne la police qui ignore où vous êtes. Je n'ai pas eu l'occasion de le faire... Et j'avertirai également votre mère, et la compagnie...

— Ils peuvent attendre, mais moi, j'ai besoin de vous, Joanne.

Elle refusa de le regarder. Il fallait qu'elle s'éloignât

de lui. Même morte, Elena resterait encore présente dans le cœur de Hans.

Parvenue à la porte, elle s'efforça de pousser le battant.

— Je n'en ai pas pour longtemps... promit-elle.

— Ne partez pas, je vous en conjure.

Lentement, elle se retourna et se dirigea péniblement vers Hans.

— Il reste de la soupe ? demanda le jeune homme.

— Et des sandwiches si vous pouvez les avaler.

Elle lui tendit le paquet.

— Asseyez-vous près de moi, ordonna-t-il.

Alors elle prit place à ses côtés, et se rendit compte qu'il était inutile d'envisager de retourner un jour au chalet. Etre en compagnie de Hans tout en le sachant épris d'une autre lui serait intolérable. « Il faut que je pense à autre chose », se répéta-t-elle.

— De quand datent vos fractures ? lui demanda-t-elle.

— Du début, mais on m'a enlevé ma montre, et j'ai perdu la notion du temps.

— Ils ont expédié votre montre au bureau de Berne avec la deuxième demande de rançon.

— Et que réclamaient-ils ?

Elle le lui révéla.

— Ils sont allés jusque-là ! s'exclama-t-il. Et ma mère est-elle au courant ?

— Oui. Cela valait mieux que lui laisser supposer que vous étiez mort...

Joanne, du mieux qu'elle le put, l'installa pour attendre le matin.

Hans avait dormi presque toute la nuit, veillée par Joanne.

Il remua quand elle se leva pour ranimer le feu avant

de se mettre en quête d'un téléphone. Voyant que la lumière filtrait dans la maison par les volets cassés, il sourit.

— Allez, Joanne, je vais bien à présent. Y a-t-il une cabine téléphonique à proximité ? Ils m'avaient bandé les yeux en m'amenant ici.

— Il y a une ferme dans le voisinage, le téléphone y est installé, je ne serai pas absente plus de quelques minutes. Je leur demanderai quelque chose à manger pour vous, à moins que... oui, mieux vaut peut-être que vous n'absorbiez rien avant que les médecins ne vous examinent. Dans l'hypothèse où il faudrait vous anesthésier...

— Comme vous voudrez.

Il semblait terriblement lucide et raisonnable pour quelqu'un qui avait souffert de blessures et de faim, et cela révélait une force de caractère considérable. Une qualité de plus à mettre à l'actif de Hans.

Elle soupira et courut jusqu'à la porte.

— Joanne... Dieu vous bénisse pour l'obstination que vous avez mise à me trouver. Je ne sais pas quand nous aurons l'occasion d'un prochain tête-à-tête, je vous dois tant ! Approchez, Joanne.

— Plus tard, protesta-t-elle en fuyant. Il faut d'abord que je réclame, par téléphone, une ambulance.

Une fois dans la voiture, elle extirpa de la boîte à gants le révolver et les munitions qu'elle retourna porter à Hans. Celui-ci avait besoin d'une protection, à tout hasard.

— Tenez, je l'ai trouvé dans la voiture. Vous auriez intérêt à le garder à portée de la main.

Comme elle se penchait sur lui, il la saisit par le bras.

— Chérie, je n'ai pas seulement eu la possibilité de vous embrasser...

Mais c'était Elena qu'il aimait, et la gratitude ne suffisait pas à Joanne qui était résolue à garder ses distances. Dans son effort, Hans avait fait un faux mouvement, un gémissement lui échappa avant qu'il ne glissât en arrière, appuyant sa tête contre le mur humide. Il eut néanmoins la force de porter à ses lèvres la main de la jeune fille qu'il n'avait pas lâchée.

Bouleversée malgré elle, les yeux embués de larmes, Joanne se remit au volant et remonta jusqu'à la route. Peu après, elle cognait à la porte de la ferme qu'elle avait aperçue la veille. De là, elle appela une ambulance, situant précisément l'emplacement de la ruine, puis prit contact avec la police.

Abrégeant les remerciements qu'elle devait à l'aimable fermière, elle retourna vers la cachette de Hans. Elle atteignait l'entrée du sentier lorsque, avec horreur, elle constata dans son rétroviseur une voiture qui la rattrapait. D'instinct, elle ralentit pour se laisser dépasser. Mais l'autre après l'avoir dépassée, se mit en travers pour lui gêner le passage.

Neville bondit hors de l'habitacle, se précipita sur la portière de Joanne.

— A côté ! cria-t-il.

Quand il se mit au volant, il était essoufflé.

— J'arrive à temps ! Une seconde de plus et vous pénétriez dans cette ruine. Or, je vais vous dire ce que vous y auriez découvert — votre ami Hans Lindt, mais personne ne saurait dire s'il est mort ou vivant !

Joanne garda un masque impassible. Il ne fallait pas laisser deviner à Neville qu'elle était déjà entrée dans la ruine et qu'elle attendait des secours. Elle devait au contraire gagner du temps... mais comment ? Elle avait les jambes flageolantes, le cœur battant à tout rompre...

— Vous êtes décidément trop intelligente, Joanne.

D'un seul coup, il l'empoigna par la nuque et lui cogna la tête contre le tableau de bord.

— Quel effet cela vous fait-il de savoir que vous êtes près de lui et que vous ne le rejoindrez pas ? Parce que vous ne gagnerez pas ! Je vais vous tuer, ce que j'aurais dû faire depuis longtemps d'ailleurs !

A nouveau, il lui cogna la tête contre le tableau de bord. Elle sentit le sang couler le long de son cou.

— Il n'y en a plus pour longtemps... grinça Neville qui tendit la main vers la boîte à gants, où il chercha le revolver.

Joanne en se tournant légèrement constata qu'il avait l'air étonné, puis intrigué — mais dans quelques dixièmes de seconde, il l'aurait tuée. Plus rien ni personne ne pouvait l'en empêcher maintenant.

Fou de rage, il lui serra la gorge entre ses mains, lui coupant le souffle.

D'un geste qu'il n'attendait pas, elle écarta les bras rejetant du même coup les avant-bras de Neville, puis lui projeta son poing dans le nez. Neville hurla et d'instinct, porta ses mains à son nez. Joanne en profita pour appuyer sur l'avertisseur.

Reprenant ses esprits, Neville se redressa, manqua de s'affaler sur le sol en sortant de la voiture, puis essaya de tirer Joanne vers lui. Mais elle était cramponnée au volant, et il devrait lui casser le bras pour l'obliger à le suivre.

Et pendant ce temps, Joanne ne cessait d'actionner l'avertisseur. Brusquement, une détonation se fit entendre, suivie d'une seconde. Neville tressaillit, crispant une main sur son estomac, l'autre sur sa jambe.

Incrédule, la jeune fille regarda le jeune homme rouler sur le sol, apparemment évanoui.

Elle sortit avec difficulté de la voiture, et une fois debout, gagna péniblement la maison en ruine.

Affalé sur le ventre en travers du seuil, Hans souriait.

— Heureusement que vous m'aviez rendu la souplesse de mes doigts ! articula-t-il, désignant le pistolet qu'il serrait encore dans sa main avant de s'évanouir.

Alors retentirent au loin les sirènes tant attendues.

*
* *

Joanne tremblait en suivant le couloir de l'hôpital, mais ses frissons n'étaient dus en rien à la température.

On avait recousu et pansé la plaie à la tête, elle pouvait enfin téléphoner à Schmidt et à Mme Lindt.

Tous deux s'avérèrent naturellement enchantés d'apprendre la libération de Hans, d'autant que, pour la mère de Hans, Joanne minimisa l'importance des blessures du jeune homme.

Joanne passa ensuite un long moment à faire sa déclaration à la police. Il ne lui restait désormais que la pire des corvées accomplir : annoncer à Hans la mort d'Elena. Elle avait reçu des médecins l'assurance que Hans se rétablirait rapidement et qu'il était parfaitement en mesure de supporter l'épreuve.

Soigneusement rasé, Hans était, en dépit de ses jambes plâtrées, à peu près l'homme qu'elle connaissait — et celui qu'elle aimait, lui sembla-t-il, depuis longtemps. Ses joues reprenaient des couleurs, et une lueur s'alluma dans ses prunelles à l'entrée de Joanne.

Il lui prit la main quand elle vint s'asseoir près de lui.

— Comment allez-vous, Hans ? murmura-t-elle, la voix étranglée par l'émotion.

— Très bien, chérie, merci. J'aimerais vous voir

récupérer aussi vite. Ce type a dû vous terroriser. Dès que je serai sur pied, Joanne, nous filerons d'ici pour tout oublier...

— Je ne vous exprimerai jamais assez ma gratitude, coupa-t-elle.

— Si, car vous aurez tout le temps de le faire, croyez-moi ! s'écria-t-il en riant. Quel bonheur de m'entendre dire que je suis merveilleux simplement parce qu'on m'a autrefois appris à me servir d'un revolver ! Remarquez, Joanne, que nous sommes quittes. Je n'aurais pas tenu le coup beaucoup plus longtemps sans votre intervention.

— Hans, écoutez-moi... et préparez-vous à subir un choc, murmura-t-elle, fuyant son regard pour ne pas y lire le chagrin qu'elle allait causer.

— Maman ?

— Non, elle se porte... aussi bien que possible, je viens de lui téléphoner, elle vous embrasse. C'est...

— Kurt ! Que lui est-il arrivé ?

— Rien, Kurt va bien. C'est pire, Hans...

— Voyons, chérie, vous êtes ici, en vie et...

— Hans, écoutez-moi... cria-t-elle. Elena... a eu un accident et elle est morte...

Elle s'effrondra, incapable de trouver les mots de consolation qu'elle aurait aimé prononcer.

— Ah bon ? dit-il sans émotion.

— Hans... vous avez bien entendu ?

— Oui, inutile de répéter, que voulez-vous que je dise ?

— Rien, je... je vous quitte, maintenant, fit-elle, étonnée de se lever sans plus de difficultés.

— Ah non ! vous allez vous rasseoir ! Chérie, qu'y a-t-il ? s'enquit-il, soucieux.

— Oh !... c'était une telle épreuve que de vous

annoncer cette affreuse nouvelle... Après tout, c'est Elena que vous avez réclamée quand vous avez repris conscience dans les ruines.

— Mais comment aurais-je pu prévoir qu'un miracle vous amènerait à mon chevet ? Je savais seulement qu'elle était partie pour faire un ravitaillement, deux jours auparavant, et qu'elle n'était pas revenue.

— Elle était donc avec vous ! bégaya Joanne atterrée.

— Mais... je croyais que vous l'aviez compris... Elle était de leur côté, Joanne.

— Quoi, Neville prétendait...

— Et vous l'avez cru ?

— Euh... non. Seulement en apprenant qu'elle était ici avec vous...

— A votre tour de m'écouter, ma jolie, fit-il d'une voix sévère que démentait la lueur tendre de son regard. Neville a menti, de toute façon, mais Neville n'est pas votre problème. Et je ne veux pas que vous vous tracassiez à cause d'Elena. Où qu'elle soit, elle doit exulter de vous voir aussi catastrophée ! Non, ne protestez pas, Joanne, elle était démoniaque, et je l'ai toujours su. Elle avait toujours eu pour ambition de s'emparer de la compagnie. A l'annonce de notre mariage, elle s'était plus ou moins résignée, mais Neville est entré en contact avec elle. Plus tard, elle m'a raconté en s'en vantant qu'il lui avait réclamé avec insistance sa coopération. Il l'avait appâtée en lui promettant de siéger au conseil d'administration de la compagnie.

— Mais comment pouvait-elle l'aider ?

— N'avez-vous pas fait la relation ? Rappelez-vous cet accident à Florence : une fois débarrassée de moi, Elena devenait majoritaire de la société. Ou Kurt, sous sa tutelle. Neville et elle auraient eu les mains libres.

L'accident n'ayant pas abouti au but recherché, ils ont décidé de tenter l'enlèvement.

— Mais pourquoi votre compagnie, Hans ? Pourquoi vous ?

— L'âpreté, simplement. Je vous ai dit avoir reçu une offre d'achat d'un rival. On avait dû apprendre alors que nous réalisions de gros bénéfices et que l'affaire était florissante. A l'origine, certains rivaux devaient seulement souhaiter noircir notre réputation enfin de s'emparer de notre clientèle. D'où les multiples accidents, la disparition des bagages. A ce stade, Neville n'était probablement qu'un exécutant. Puis il est devenu ambitieux. Il a eu envie de prendre ma place dans l'affaire, et les désagréments sont devenus des violences. Je suis soulagé que ce soit terminé.

— Et le matin de votre disparition, on vous a contraint à partir ?

— Non. Elena a trouvé l'unique raison susceptible de m'entraîner : Kurt. Elle m'a juré qu'il était malade, qu'il attendait enveloppé de couvertures dans la voiture, et qu'elle était trop bouleversée pour le conduire elle-même rapidement à l'hôpital. Je n'ai pas voulu réveiller l'enfant qui se trouvait soi-disant dans les couvertures et nous avons roulé à tombeau ouvert... jusqu'au rendez-vous avec Neville. Or, Neville était armé — comme Elena, du reste. J'ai poursuivi le voyage avec un revolver dans le dos. Nous nous sommes envolés d'un terrain privé, je crois, et dans un avion de fret, ce qui évitait les contrôles de police des terrains habituels. Moi, je réfléchissais à la façon de m'en sortir, mais avec ces maudits revolvers braqués sur moi...

— Et vous avez atterri ici ?

— Quelque part en Angleterre, oui, certainement sur un terrain privé puisque nous n'avons subi aucun contrôle. J'avais les yeux bandés. Elena m'a conduit ici en voiture ; vous savez le reste.

— Et c'est elle qui vous surveillait ?

— Oui, mais parfois Neville se joignait à elle.

— Entre-temps, il me jouait la comédie de celui qui voulait m'aider à vous rejoindre. Quelle idiote j'ai été !

— Mais il était convaincant...

— L'avez-vous soupçonné dès le début ?

— J'ai toujours eu dans l'idée qu'il était du complot. Il en savait bougrement long sur les programmes de la compagnie. J'espérais que, si je dissimulais mes doutes, il finirait par se dénoncer. Seulement, à ce moment-là, il s'est intéressé à vous — et vous sembliez négliger mes avertissements. J'étais inquiet pour votre sécurité ; et j'ai été soulagé en pensant que, étant le seul prisonnier, je l'avais détourné de vous. Et puis il m'a confié à Elena.

— Vous a-t-elle continuellement tenu sous la menace ?

— Tant que je n'ai pas eu les jambes brisées, oui. Dès lors, je ne constituais plus un danger pour personne !

— Et aujourd'hui, c'est vous qui avez tiré sur Neville.

— Ah ! mais vous étiez en danger ! J'ai eu tellement peur que j'ai oublié ma souffrance en rampant ! Evidemment, il n'est pas question d'arpenter le jardin ! Mais je reprendrai mes responsabilités dès que je ne serai plus dans cette position inconfortable.

— Et je fais partie de ces responsabilités ? riposta-t-elle avec malice.

— Oh ! étant donné votre obstination à me retrouver, je ne suis pas sûr de pouvoir vous abandonner !

Pour la première fois depuis longtemps, Joanne sourit, radieuse, et se pencha vers le jeune homme.

— Je vous faciliterai la tâche !

— Pour l'instant, c'est indispensable puisque je ne peux pratiquement pas bouger ! rétorqua-t-il en riant.

Leurs lèvres se joignirent en un doux baiser.

— Des jambes immobilisées, il n'y a pas là de quoi prendre un bon départ ! dit gaiement Hans.

— C'est la vie...

— Je le crains, il y a toujours quelque chose qui cloche dans l'existence...

— Mais le plus important, c'est ce qui va, affirma-t-elle en lui étreignant la main.

— Je suis absolument de votre avis !

FIN

Achevé d'imprimer
le 12 janvier 1981
sur les presses
de l'imprimerie Cino del Duca,
18, rue de Folin, à Biarritz.
N° 772.

Dépôt légal n° 414. 1er trimestre 1981.